1판 3쇄 발행 2024년 9월 4일

글쓴이	김일옥
그린이	허구
편집	이용혁 박재언 이순아
디자인	문지현 오나경
펴낸이	이경민
펴낸곳	㈜동아엠앤비
출판등록	2014년 3월 28일(제25100-2014-000025호)
주소	(03972) 서울특별시 마포구 월드컵북로22길 21 2층
홈페이지	www.moongchibooks.com
전화	(편집) 02-392-6901 (마케팅) 02-392-6900
팩스	02-392-6902
전자우편	damnb0401@naver.com
SNS	

ISBN 979-11-6363-336-5 (74400)

※ 책 가격은 뒤표지에 있습니다.
※ 잘못된 책은 구입한 곳에서 바꿔 드립니다.
※ 이 책에 실린 사진은 위키피디아, 셔터스톡에서 제공받았습니다.

 도서출판 뭉치는 ㈜동아엠앤비의 어린이 출판 브랜드로, 아이들의 지식을 단단하게 만들어 주고, 아이들의 창의력과 사고력을 키워 주어 우리 자녀들이 융합형 창의 사고뭉치로 성장할 수 있도록 좋은 책을 만들겠습니다.

펴내는 글

국제기구는 왜 만들어졌을까?
국제기구가 세계 평화에 진짜 도움이 될까?

 선생님의 질문에 교실은 한순간 조용해집니다. 인내심이 한계에 다다른 선생님께서 콕 집어 누군가의 이름을 부르는 순간 나는 걸리지 않았다는 안도감에 금세 평온을 되찾지요. 많은 사람 앞에서 어떻게 말을 해야 하나 고민해 보지 않은 사람은 없을 겁니다. 사람들 앞에서 자신의 생각을 조리 있게 전달하는 기술은 국어 수업 시간에만 필요한 것이 아닙니다. 학교 교실뿐만 아니라 상급 학교 면접 자리 또는 성인이 된 후 회의에서도 자신의 의견을 분명히 표현할 수 있어야 합니다. 하지만 어디서부터 시작해야 할지 몰라 입을 떼는 일이 쉽지 않습니다. 혀끝에서 맴돌다 삼켜 버리는 일도 종종 있습니다. 얼떨결에 한마디 말을 하게 되더라도 뭔가 부족한 설명에 왠지 아쉬움이 들 때도 많습니다.
 논리적 사고 과정과 순발력까지 필요로 하는 토론장에서 자신만의 목소리를 내려면 풍부한 배경지식은 기본입니다. 게다가 고학년으로 올라가서 배우는 수업과 진학 시험에서의 논술은 교과서 이상의 것을 요구합니다. 또한 상대의 의견을 받아들이거나 비판하기 위해서는 의견의 타당성을 검토하고 높은 수준의 가치 판단을 해야 하는 경우가 많은데, 자신의 입장을 분명히 하기 위해서는 풍부한 자료와 논거가 필요합니다.
 토론왕 시리즈는 사회에서 일어나는 다양한 사건과 시사 상식 그리고 해마다 반복되는 화젯거리 등을 초등학교 수준에서 학습하고 자신의 말로 표현할 수 있도록 기획

되었습니다. 체계적이고 널리 인정받은 여러 콘텐츠를 수집해 정리하였고, 전문 작가들이 학생들의 발달 상황에 맞게 스토리를 구성하였습니다. 개별적으로 만들어진 교과서에서는 접할 수 없는 구성으로 주제와 내용을 엮어 어린이 독자들이 과학적 사고뿐만 아니라 문제 해결력, 창의적 발상을 두루 경험할 수 있도록 하였습니다. 또한 폭넓은 정보를 서로 연결지어 설명함으로써 교과별로 조각나 있는 지식을 엮어 배경지식을 보다 탄탄하게 만들어 줍니다. 이러한 통합 교과형 구성은 국어를 기본으로 과학에서부터 역사, 지리, 사회, 예술에 이르기까지 상식과 사회에 대한 감각을 익히고 세상을 올바르게 바라보는 눈을 갖는 데 큰 도움이 될 것입니다.

『전쟁 NO! 평화 YES! 세계를 이끄는 힘, 국제기구』는 전 세계 평화와 안정을 위해 만들어진 여러 국제기구에 대해 소개하는 책입니다. 우리에게 익숙한 국제 연합, 세계 보건 기구, 유네스코 등의 국제기구들이 만들어진 이유를 알면 세계 역사와 문화도 함께 익힐 수 있습니다. 다소 어렵게 느껴질 수 있기에 특별히 동물들 세계에 비유하여 동화로 구성하였는데요, 동물들의 전쟁과 토론을 통해 국제기구가 만들어지는 과정을 보다 쉽게 이해할 수 있을 것입니다. 더불어 이 책을 통해 우리 어린이들이 국제 사회에 관심을 갖고, 세계 속에서 자신의 영역을 확장해 나가는 꿈을 키워 갈 수 있다면 더 뜻깊은 시간이 될 것입니다.

편집부

# 차례

펴내는 글 · 4
싸우면 우린 다 죽어! · 8

1장 국제 사회를 이끌어 가는 힘 · 11

웹툰 박람회장에 가다!

OX 퀴즈를 맞혀라

두더지 인형을 만나다

토론왕 되기!! 국제 사회에 필요한 건 리더일까, 대장일까?

2장 국제 사회를 변화시키는 힘 · 35

웰컴 투 애니멀랜드

독수리 둥지에 모인 동물들

고민에 빠진 유진

토론왕 되기!! 국제 기금을 어떻게 모을까?

3장 국제기구의 가입 조건 · 61

애니멀랜드 별동대

1차 동물 전쟁 / 국제 동물 연맹 설립

토론왕 되기!! 국제 동물 연맹에 가입할까, 말까?

뭉치 토론 만화
더 이상 싸움은 없어! 이제는 평화 · 89

4장 서로 돕고 돕는 국제기구 · 97

2차 동물 전쟁

누가 동물 연합 대표가 될까?

집으로 돌아갈 수 있는 유일한 방법

토론왕 되기! 우리 의료진을 외국에 파견해야 할까?

5장 평화를 지키는 다양한 방법 · 119

초식 동물 연합 만들기

이제 집으로 돌아갈 시간

토론왕 되기! 세계 평화, 어떻게 지킬까?

어려운 용어를 파헤치자! · 135

국제기구 관련 사이트 · 136

신나는 토론을 위한 맞춤 가이드 · 137

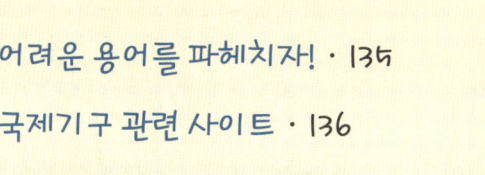

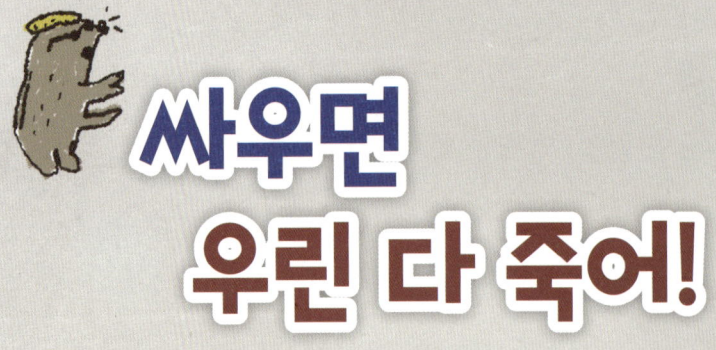

싸우면 우린 다 죽어!

 웹툰 박람회장에 가다!

"저쪽이다. 가자!"

친구들은 잔뜩 신이 났다. 유진이 역시 기분이 좋았다. 오늘 친구들과 웹툰 박람회에 오기 위해 몇 달 전부터 용돈을 모았다.

'책도 사고, 인형도 사야지.'

박람회장으로 들어가는 입구에서부터 모형 탈을 쓴 인기 캐릭터들이 사람들에게 길 안내를 도와주고 있었다.

박람회장은 알록달록한 풍선과 몰려다니는 사람들로 정신이 없었다. 유진이와 친구들은 안내 표지판을 보고 각자 좋아하는 부스에서 놀다가 두 시간 후에 만나기로 했다. 처음엔 다 같이 몰려다니면서 각 부스에서 나눠 주는 여러 가지 홍보물을 받았다. 그러다가 각자 좋아하는 캐릭터들을 찾아 자연스럽게 뿔뿔이 흩어지기로 한 것이다. 로비에서는 다양한 이벤트 행사를 알리는 소리가 났다. 유진이는 친구 현지랑 같이 다니기로 했다.

"유진아, 저기 네가 좋아하는 웹툰 부스 있다."

현지가 가리키는 방향에 커다란 두더지 인형이 서 있었다. 유진이는 냉큼 두더지 인형 앞으로 다가갔다.

"우와, 진짜 살아 있는 두더지 같아."

검은 유리구슬처럼 새까만 눈동자, 뾰족하게 튀어나온 코, 오물거리는 작은 입 그리고 말랑말랑한 앞발과 귀여운 발톱, 무엇보다 복슬복슬한 털이 맘에 쏙 들었다.

그때 두더지 인형이 윙크를 하면서 유진이에게 손을 흔들었다. 인형인 줄 알았던 유진이는 깜짝 놀라 뒤로 움찔 물러났다.

"헉, 얘 움직여."

"안에 사람이 들어 있는 거 아니야?"

"인형 탈을 쓴 거 같지 않은데…… 진짜 같아."

유진이는 두더지를 뚫어지게 쳐다보았다. 마치 살아 있는 두더지랑 눈을 마주하고 있는 듯한 느낌이었다.

"유진아, 빨리 와 봐. 여기 너무 예쁜 게 많아."

현지의 재촉에 유진이는 현지를 쫓아 부스 안으로 들어가다 뒤돌아봤다. 그런데 방금 전까지도 서 있던 두더지 인형이 보이지 않았다.

"어? 방금 여기 있었는데 어디 갔지?"

유진이는 고개를 갸웃거렸다. 뭔가 아리송했다. 그런 유진이를 아랑곳하지 않고 현지는 진열대에 놓인 파우치와 작은 에코 백을 집어 들며 말했다.

"우와, 이것도 갖고 싶다."

캐릭터가 들어간 반짝이 파우치와 에코 백은 정말 예뻤다. 유진이도

유니세프

유니세프(UNICEF)는 제2차 세계 대전이 끝난 뒤(1946년) 배고픔이나 질병으로 죽어 가는 어린이들을 돕기 위해 만들어진 '국제 연합 아동 기금'이에요. 오늘날에는 굶주림과 질병뿐 아니라 교육과 아동 보호 활동도 많이 하고 있어요. 유니세프에서는 주로 국제적인 모금 활동을 통해 기금을 모아요. 모아진 기금으로 어린이들이 마땅히 누려야 할 권리를 가난하다는 이유로 포기하지 않도록 돕고 있답니다. 우리 인류의 미래가 어린이들에게 있으니 안전한 환경과 기본적인 교육을 보장해 주는 것은 매우 중요한 일이지요.

어느새 진열대에 놓인 물건들을 구경했다.

물건을 팔고 있던 부스 담당자가 말했다.

"이 물건들을 구입하면 유니세프에 기부가 된답니다. 모여진 기부금으로는 아프리카의 어린 학생들에게 학용품을 전해 줄 계획이랍니다."

유진이와 현지는 서로 눈을 마주치며 웃었다.

"착한 소비네. 우리는 좋은 물건 가져서 좋고, 아프리카 아이들에게 기부된다니까 더 좋다."

"그러게."

파우치와 에코 백 말고도 사고 싶은 물건들은 너무 많았다. 캐릭터가 들어가 있는 상품은 다 갖고 싶었다. 그러자니 그동안 모았던 용돈만으로는 어림도 없었다.

"어떡하지?"

"조금 있다가 로비에서 퀴즈 이벤트를 할 거예요. 거기 참석해 보세요. 상품이 있답니다."

담당자의 말에 유진이와 현지의 눈이 반짝였다.

 OX 퀴즈를 맞혀라

유진이와 현지는 함박웃음을 지으며 박람회 로비로 갔다. 흩어졌던 다른 친구들도 하나둘 로비로 오는 게 보였다. 다들 퀴즈 이벤트에 참석할 모양이었다.

"오, 경쟁자들!"

유진이와 현지는 서로를 보며 씩 웃었다.

"누가 많이 상품을 받는지 볼까?"

"좋아. 파이팅!"

그때 요란한 음악과 함께 이벤트 시작을 알리는 방송이 나왔다.

"여러분, 웹툰 박람회에 오신 것을 환영합니다. 드디어 퀴즈 타임입니다. 많이 기다리셨지요?"

"네!"

진행자가 마이크를 들자 기다리고 있던 사람들이 크게 박수를 쳤다. 처음에는 간단한 시사 문제와 캐릭터 관련 문제가 O, X로 나왔다.

"요즘 인기 있는 드라마 '헌신하는 의사들'은 인기 웹툰 '국경 없는 의

사회'가 원작이라는 건 다들 아시지요? 그렇다면 '국경 없는 의사회'라는 국제기구가 진짜 있다? 없다? 있으면 O, 없으면 X. 정답을 맞히신 분께는 웹툰 '국경 없는 의사회'의 배지를 나눠 드리겠습니다."

"국경 없는 의사회? 당연히 있지. '국경 없는 의사회' 웹툰 팬인걸."

현지는 헷갈려 하는 유진이를 불러 함께 O 팻말 앞에 섰다.

"정답은 O입니다."

"오예! 신난다."

현지는 캐릭터나 웹툰 관련 문제는 잘 풀었지만 시사 문제에는 약했다. 반면 유진이는 평소 시사에 관심이 많은 편이었다.

"우리 지구를 크게 보면 5대양 6대주, 대륙과 바다로 나눠 볼 수 있겠지요. 먼저 바다는 태평양, 대서양, 인도양, 북극해, 남극해입니다. 그렇다면 대륙은 어떻게 되지요?"

모인 사람들이 웅성거리며 외쳤다.

"아시아, 유럽, 남아메리카, 북아메리카, 아프리카, 오세아니아!"

"네, 네, 맞습니다. 그렇다면 여기서 문제. EU는 어느 대륙의 모임인가요?"

사람들이 저마다 손을 높이 들었다. 진행자가 유진이를 지목했다.

"오, 어린 학생이 EU를 알아요? 정답은?"

유진이는 큰 소리로 대답했다.

국제 연합

우리가 보통 유엔이라고 부르는 국제 연합 (UN: United Nations)은 제2차 세계 대전 이후 세계 평화와 안전을 보장하기 위해 만들어진 국제기구예요.

유엔이 처음 만들어졌을 때는 51개의 나라가 가입했지만 지금은 193개국, 지구상 거의 대부분의 나라가 함께 참여하고 있어요. 인간의 기본 권리와 각 국가 간의 동등한 권리를 보장하면서 전쟁이 일어나지 않도록 모든 유엔 회원국들이 서로 협력하고 있어요. 국제 분쟁을 해결하기 위해 필요할 때는 유엔군을 회원국으로 보낼 수도 있어요. 유엔의 주요 기관으로는 총회를 비롯하여 안전 보장 이사회·경제 사회 이사회·신탁 통치 이사회·국제 사법 재판소·사무국 등이 있어요.

유럽 연합

유럽 연합(EU: European Union)은 유럽 국가들의 연합이에요. 유럽에 있는 여러 국가들은 유럽이 하나의 국가처럼 움직인다면 장점이 많을 거라고 보았어요. 그래서 정치, 경제 제도를 하나로 통합하는 작업, 즉 각 나라마다 다른 화폐를 유로화로 통일거나 유럽 의회를 만드는 등의 일을 추진했어요. 처음 EU에 가입한 국가는 12개국이었는데 점차 확장되어 28개국(현재는 27개국)으로 늘어났어요. 하지만 2008년 금융 위기 때 남부 유럽의 일부 국가를 돕기 위해 많은 돈이 들어가자 EU 회원국들의 재정 분담금도 늘어났고, EU의 정치적 간섭, 난민 이민자 수용, 복지 문제 등 많은 부분에서 서로의 입장이 달라졌어요. 가장 먼저 영국이 EU를 탈퇴하자 유럽의 다른 나라에서도 점점 탈퇴를 고민하고 있어요.

"유럽 연합!"

"네, 정답입니다!"

현지는 마치 자기가 정답을 맞힌 듯 기뻐하며 박수를 쳤다.

"다음 문제입니다. 우리나라는 1991년에 유엔에 가입했다. 맞으면 O, 틀리면 X."

'1991년이라고? 그렇게 늦게 가입했나?' 헷갈렸다.

유진이는 망설이다가 O 팻말 앞에 섰다.

"우리나라 유엔 가입은 1991년 맞습니다. 정답은 O!"

휴, 운이 좋았다. 우리나라는 6.25 전쟁 직후 유엔에 가입하고 싶었지만, 소련(현재는 러시아)의 반대로 가입을 할 수 없었다는 이야기를 아빠에게 들은 적이 있었다. 그 이후로도 몇 번 가입 의사를 밝혔지만 북한을 지지하는 소련의 반대로 가입을 못 하다가 1991년, 북한과 동시에 가입할 수 있었다고 사회자는 설명했다.

'평소 뉴스를 보다 궁금한 게 있을 때마다 아빠에게 물어본 게 이렇게 도움이 될 줄이야! 후후.'

유진이와 현지는 총 20 문제 중 15 문제를 맞혔다. 그래서 좋아하는 상품을 한가득 받았다. 노트와 포스트잇, 형광펜, 텀블러, 에코 백 등이었다. 박람회를 여기저기 돌아다닌 다른 친구들도 모두 손에 상품이 한가득이었다.

 ## 두더지 인형을 만나다

박람회 밖으로 나온 친구들은 의자에 빙 둘러 앉았다.
"얘들아, 우리 여기서 물물 교환하지 않을래?"
"좋아."
"이 텀블러 필요한 사람? 우리 집에 텀블러가 너무 많아."
"그럼 그거 나 줄래? 내가 엄청 좋아하는 캐릭터란 말이야."
"난 형광펜 필요 없어. 너 가져."
"고마워. 그럼 이 포스트잇 너 가질래? 난 하나 더 있거든."

유진이와 친구들은 서로 물건들은 나눠 가지거나 바꾸기도 했다. 그때 박람회장 밖으로 나오는 두더지 인형이 보였다. 아까 부스 앞에서 감쪽같이 사라졌던 그 두더지였다.

'어라? 진짜 인형이 아니었구나. 탈 안에 사람이 들어 있었나 보다.'

유진이는 아까 그 인형을 빤히 쳐다본 게 갑자기 미안해졌다. 그런데 두더지가 어슬렁거리면서 유진이와 친구들에게 다가왔다.

'뭐…… 뭐지?'

두더지는 아이들에게 뜬금없이 인형을 내밀었다.

"안녕, 얘들아? 혹시 이 도깨비 인형 가질 사람? 난 필요 없거든."

캐릭터 부스에서도 보지 못했던 인형이었다.

"저 주세요. 저요!"

현지가 번쩍 손을 들었다. 그러자 지민이가 뒤늦게 외쳤다.

"나, 나도."

"어떡하지? 도깨비 인형은 하나뿐이고, 원하는 사람은 둘이네."

두더지가 안타깝다는 듯이 말했다.

"내가 먼저 손 들었어."

현지가 말했다. 지민이도 양보하지 않았다.

"현지 너는 다른 인형 있잖아. 나는 인형이 하나도 없단 말이야. 그러니까 이 인형은 나한테 양보해 줘."

"두더지 인형은 있지만 도깨비 인형은 없단 말이야."

사실 유진이도 두더지가 내민 도깨비 인형을 갖고 싶었다. 다른 친구들도 유진이와 같은 마음인 듯했다.

"나도 갖고 싶어!"

"나도, 나도!"

뒤늦게 다른 친구들도 끼어들었다.

"야, 먼저 손 들었다고 가져가는 건 공정하지 않지."

"맞아. 주는 사람 마음 아니겠어?"

유진이는 이러다가 친구들이 서로 인형을 갖겠다고 싸우는 건 아닐지 괜히 걱정스러웠다. 지금까지 재미있게 놀다가 친구들이랑 다툼이 생기는 건 바라지 않았다. 유진이는 두더지가 어떻게 할 것인지 궁금해서 쳐다보았다. 하지만 두더지는 아무 말 없이 인형을 가만히 있던 유진이에게 툭 건네주고 가 버리는 게 아닌가?

"뭐, 뭐야? 저 두더지!"

아이들은 잠시 말이 없었다.

'어떡하면 좋지?'

얼떨결에 인형을 받은 유진이는 곰곰이 생각하다 말했다.

"우리 세상에서 가장 공정한 게임, 가위바위보로 결정할까?"

친구들은 우물쭈물거리면서 서로 눈치를 보다가 고개를 끄덕였다.

"좋아, 그러면 가위, 바위, 보!"

모두 보자기, 유진이만 가위였다. 이길 거라고는 전혀 생각지도 않았던 유진이는 당황스러웠다.

"축하해."

말은 축하한다면서도 마음은 속상했는지 현지가 획 고개를 돌렸다.

"흥, 좋겠네."

다른 친구들도 입을 삐죽거렸다. 다들 속상한 모양이었다. 유진이는 친구들의 싸늘한 반응을 보자 마음이 불편했다. 갑자기 도깨비 인형이 너무 싫어졌다. 이런 인형 때문에 친구들과 사이가 나빠지는 건 원치 않았다.

머뭇거리던 유진이가 인형을 쓰레기통에 던져 버렸다.

그 모습을 보던 현지가 놀라며 말렸다.

"왜 인형을 버려?"

"난 우리의 우정이 이깟 인형 때문에 깨지는 게 싫어."

그 말에 토라졌던 현지가 씩 웃으며 답했다.

"미안해. 네 말이 맞아. 우리 우정이 최고지."

다른 친구들도 언제 그랬냐는 듯이 즐겁게 웃으며 다가왔다.

그때였다.

"잠깐!"

뒤돌아보니 아까 그 도깨비 인형을 준 두더지였다.

"너희들은 참으로 지혜로운 인간이구나."

'저 두더지는 어디서 불쑥 튀어나온 거지?'

유진이는 점점 더 두더지가 수상하다는 생각이 들었다.

"저기 가면 다른 인형이 많은데 하나씩 가질래?"

'뭐? 이제 와서 하나씩 나눠 준다고?'

"와? 진짜요?"

아이들은 금세 좋아라 하며 두더지에게 다가갔다. 하지만 유진이는 괜히 싸움을 일으키게 만들었던 두더지를 믿을 수 없었다.

"아까는 하나밖에 없다면서요."

두더지가 당황하며 대답했다.

"도깨비는 하나지만 다른 인형은 많더라고. 어차피 홍보용으로 만든 건데…… 나눠 주려고. 싫어?"

물론 싫지 않았다. 다만 수상쩍을 뿐이었다.

"이쪽이야, 따라와."

유진이와 친구들은 두더지를 따라갔다. 길이 점점 좁아지고 어두워지는 듯해 유진이는 자꾸만 뒤돌아보았다. 유진이가 여긴 어디냐고 물으려는 순간 두더지가 작은 문 앞에 섰다.

"여기야, 들어와."

두더지가 문을 열자 아이들이 차례차례 안으로 들어갔다. 유진이가

마지막으로 들어가려 하자 두더지가 갑자기 문을 꽝 하고 닫아 버렸다.
 그러고는 무서운 표정으로 웃었다.
 "넌 나랑 따로 갈 데가 있어!"
 유진이는 깜짝 놀라 소리쳤다.
 "뭐야!"
 하지만 유진이의 외침은 멀리서 메아리치고, 두더지를 따라 어디론가 몸이 빨려 들어가는 느낌이 들었다.

한눈에 쏙! 세계 곳곳의 국제기구

국제적인 목적이나 경제 활동 등을 위해 두 나라 이상이 모여 만든 조직을 국제기구라고 해요. 국제기구는 다양한 일을 하는데, 유엔처럼 전 분야의 일을 하는 곳도 있고, 특정한 목적을 위한 활동만 하는 곳도 있어요. 세계 각국에 흩어져 있는 주요 국제기구를 살펴볼까요?

스위스 제네바

국경 없는 의사회 (MSF)

세계 무역 기구(WTO)

세계 보건 기구(WHO)

국제 노동 기구(ILO)

미국 워싱턴

국제 통화 기금(IMF)

세계은행(WB)

벨기에 브뤼셀

유럽 연합(EU)

미국 뉴욕

국제 연합(UN)

유엔 아동 기금 (유니세프)

스위스 취리히

국제 축구 연맹(FIFA)

스위스 로잔

국제 올림픽 위원회(IOC)

이탈리아 로마

국제 연합 식량 농업 기구 (FAO)

오스트리아 빈

국제 원자력 기구(IAEA)

대한민국 인천 송도

녹색 기후 기금(GCF)

프랑스 파리

국제 연합 교육 과학 문화 기구 (UNESCO)

경제 협력 개발 기구 (OECD)

국제기구가 이렇게 많다고?

 토론왕 되기!

국제 사회에 필요한 건 리더일까, 대장일까?

세계에는 수많은 나라가 있고, 각 나라마다 서로 입장이 다르기 때문에 자주 다툼이 일어날 수밖에 없어요. 문제를 해결하기 위해서는 권위 있는 사람이나 단체가 판단을 하고 결정을 해야 하지요. 숲속 동물들도 문제 해결을 위해 '힘이 센 대장'과 '협력을 중시하는 리더'를 뽑았어요. 누구에게 판단과 결정을 맡기는 게 좋을까요?

 대장파: 어떤 문제를 빠르게 해결하기 위해서라도 힘이 센 대장이 필요해. 대장이 있다면 쉽게 문제를 풀 수 있어.

 리더파: 세상에는 많은 문제들이 있어. 모든 문제를 힘으로만 밀어붙일 수는 없어. 시간이 걸리더라도 올바르게 해결해야 돼. 그러기 위해서는 다른 동물의 말도 귀 기울여 들을 수 있는 리더가 필요해.

 어떤 사회든 질서가 중요해. 질서가 있다면 불안하지 않을 테니 편안하게 살 수 있어. 강한 힘을 가진 대장이 있다면 다들 대장 말을 잘 들어서 질서도 잡힐 거야.

 모두 합의하고 이해한다면 굳이 대장이 아니더라도 리더의 말에 따르게 되어 있어. 자연히 질서도 잡히겠지.

 말이 좋아서 이해하고 따르겠다는 거지. 현실은 그렇지 않아. 문제가 발생하면 자신의 이익을 먼저 생각하잖아.

합의하지 않은 힘은 폭력을 가져올 거야.
폭력은 더 큰 문제를 만들어.

 솔직히 힘센 대장이 리더의 말을 따르려고 하겠어?
자기 뜻대로 하려고 할 거야.

대장이 아무리 힘이 세도 혼자서 우리 전부를 이길 수는 없어.
누군가가 말썽을 일으킨다면 우리 전체가 막으면 돼.

 그건 너무 이상적인 생각이야.

힘을 가진 사람이 대장이 된다면 아무래도 자신에게 유리하도록
규칙을 세우겠지. 어떻게 혼자만 잘살려고 해?
우리 모두가 더불어 잘살 수 있는 방법을 찾아야지.
나는 이런 게 합리적인 판단이라고 생각해.

 처음부터 힘이 센 대장을 두 마리 뽑으면 어때?
힘이 비슷한 대장이 둘 있으면 오히려 싸움은 안 일어날 거야.
평화는 두 힘의 균형에서 오는 거야.

그러다가 둘이 한편이 되면 어떡해?
아니면 두 대장 편으로 나뉘어 더 싸우게 되면?

 그렇게 따지면 차라리 대장이나 리더가 없는 게 낫겠어.

대장파와 리더파 동물들의 이야기를 듣고 어떤 생각이 드나요? 국제 사회에 필요한 힘이 무엇일지 친구들과 토론해 봐요.

선 긋기 퀴즈

국제기구의 로고에는 각 단체를 상징하는 그림이 담겨 있어요.
국제기구의 로고를 잘 살펴보고 설명에 맞는 국제기구를 연결해 보세요.

1
2
3
4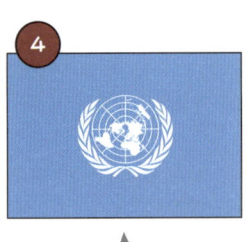

유니세프
굶주림이나 질병으로 목숨을 잃는 어린이가 없는 세상을 만들고 싶어 해요.

유럽 연합
유럽의 여러 나라들은 정치, 경제적으로도 하나의 국가가 되고 싶어 해요.

국제 연합
세계 평화와 안전 보장을 위해 만든 가장 대표적 국제기구예요.

유네스코
교육, 과학, 문화 등의 분야에서 국제적으로 협력하기 위해 만들어진 국제기구예요.

정답: ❶ 유네스코 ❷ 유럽 연합 ❸ 유니세프 ❹ 국제 연합

 웰컴 투 애니멀랜드

"애야, 일어나!"

누군가 자신의 몸을 흔드는 느낌에 유진이는 눈을 떴다. 올망졸망한 눈빛의 여러 동물들이 유진이를 바라보고 있었다. 자신을 데려왔던 두더지를 비롯해 여우, 늑대, 강아지 등의 동물이 보였다.

"으아악!"

유진이가 깜짝 놀라며 몸을 움츠리자 두더지가 나섰다.

"워, 워, 놀라지 마. 널 해치려는 게 아니야."

"그렇고말고, 우리는 물지 않아. 우린 착한 동물들이란 말이야."

"여긴 애니멀랜드야. 우리는 네 도움이 필요해."

유진이는 퍼뜩 문안으로 들어간 친구들 생각이 났다.

"내 친구들은?"

"친구들은 걱정 마. 너희들 세상과 우리 세상의 시간을 살짝 비틀어 놓은 것뿐이니까. 우리 문제만 잘 해결해 주면 무사히 너희 세상으로 돌아갈 수 있도록 해 줄게. 뿐만 아니라 네 친구들도 아무 일 없었다는 듯이 만날 수 있고."

유진이는 두더지를 쉽게 믿을 수가 없었다.

'만약 문제를 해결하지 못하면 어떻게 된다는 거지?'

이게 대체 무슨 일인지? 왜 이런 이상한 곳에 자신이 오게 되었는지? 하필 왜 나인지? 묻고 싶은 게 많았지만 유진이는 두더지의 설명이 끝날 때까지 조용히 듣고만 있었다.

두더지 말로는 여기 애니멀랜드에서, 힘이 센 독수리가 다른 동물들을 못살게 굴었다고 한다. 그래서 동물들이 힘을 합쳐 독수리를 잡았는데, 문제는 독수리가 쌓아 둔 재물을 어떻게 나눌 것인지를 두고 동물들끼리 또다시 싸움이 날 지경이라는 것이다.

"나더러 그 문제를 해결해 달라고?"

유진이는 어이가 없었다.

"맞아, 네가 답을 찾아 줘야 해. 그래서 널 데려왔는걸. 우린 너만 믿고 있어."

두더지의 말에 다른 동물들도 기대에 찬 눈빛으로 고개를 끄덕였다. 유진이는 두더지를 쳐다보며 물었다.

"왜 하필이면 나야? 세상에 똑똑한 사람이 얼마나 많은데……. 난 그냥 평범한 초등학생일 뿐이라고."

두더지가 고개를 흔들었다.

"아니야, 넌 특별해. 나는 네 행동을 쭉 지켜봤어. 복잡한 박람회장에서도 질서를 잘 지키고, 물건을 하나 살 때도 어려운 이웃을 돕기 위한 착한 소비를 좋아하고, 퀴즈 이벤트에서도 문제를 잘 맞힐 만큼 똑똑했어."

"또 물건을 욕심내지 않고 친구들과 서로 나누기도 하고, 심지어 가위바위보라는 공정한 게임을 제안하여 문제를 해결했지."

"어디 그뿐인가. 정당하게 차지하게 된 도깨비 인형조차 과감하게 버리고 친구와의 우정을 택할 만큼 훌륭했어."

동물들이 앞다투어 한마디씩 말을 보탰다. 없는 말을 하는 것은 아니었지만 그것만으로 어떻게 동물들의 문제를 풀 수 있다고 생각했을까? 유진이는 이해할 수가 없었다. 하지만 문제를 풀어 줘야 돌아갈 수 있다는 건 확실히 알 수 있었다. 문안에 갇힌 친구들을 생각해서라도 힘껏 문제를 풀어 보기로 했다.

"일단…… 독수리의 횡포를 막는 데 큰 힘을 썼다는 사자랑 불곰의 이야기를 들어 볼게. 그다음 다른 동물들 이야기도 들어 봐야겠어."

동물들이 말똥말똥한 눈으로 유진이의 다음 말을 기다렸다.

"그러니까 일단 다 함께 모여 서로의 입장에 대해 이야기해 보자는 거야."

"모두 한자리에 모이라고?"

"그래. 독수리 둥지로 다 모이자고. 재물도 일단 다 가져와. 그래야

유진이의
호기심 노트

국제기구는 어떻게 생겨났을까?

고대나 중세 시대의 '국가'라는 개념은 오늘날과 조금 달랐어요. 유럽에서는 신을 중심으로 살아가다 보니 왕보다는 교황이 더 강한 힘을 가졌지요. 신의 뜻, 즉 교황이 대부분의 외교 문제를 판단하고 해결해 주었어요. 그러다 근대에 이르러 왕의 힘이 커졌고, 왕들은 영토를 넓히고 싶어 했어요. 왕을 중심으로 한 '국가'라는 개념이 등장한 것이지요. 더 큰 힘과 경제적 이익을 위해 국가 간에 정복 전쟁도 많이 일어났어요. 그러다 전쟁의 피해가 너무 커지자 유럽의 국가들은 외교 문제를 판단해 줄 새로운 심판관이 필요했어요. 1815년 유럽에서는 '유럽 협조 체제'를 도입하고, 1899년 네덜란드 헤이그에서 처음으로 유럽 26개국이 모여서 최초로 국제 회의를 개최하게 되었답니다. 이후 제1차 세계 대전과 제2차 세계 대전을 치르면서 각 국가들은 법과 질서를 바탕으로 한 국제기구의 필요성을 다시 한번 확인하게 되었지요.

뭘 나눌 것인지 알 거 아니야?"

유진이의 말에 동물들이 큰 소리로 외쳤다.

"좋아, 좋아."

"다 함께 모여서 회의를 하는 거야."

 독수리 둥지에 모인 동물들

유진이의 말대로 애니멀랜드의 동물들은 독수리 둥지로 하나둘 모였다. 독수리 둥지에는 먹음직한 음식과 반짝거리는 보물, 생전 처음 보는 신기한 물건들이 가득했다. 동물들은 독수리 둥지를 마치 제집처럼 돌아다니면서 물건을 만지작거렸다. 음식과 보물을 바라보는 동물들의 눈이 모두 반짝거렸다. 깃털이 숭숭 빠진 독수리는 그런 동물들을 보면서 어찌 할 바를 모르고 발만 동동 굴렀다.

"자, 자. 모두 이쪽으로 모이세요."

유진이는 동물들을 모두 불러 모았다.

회의가 시작되자 먼저 갈기를 휘날리며 앞에 나온 사자가 으스대며 말했다.

"다들 알다시피 그물이 없었다면 결코 독수리를 잡을 수 없었을 거

야. 우리 마을을 공포로 몰아넣었던 독수리를 끌어내리는 데 가장 중요한 공을 세운 건 바로 그물이었지. 그 그물을 누가 만들었지? 바로 우리 사자들이야. 너희들은 잘 모르겠지만 그물을 만드는 데는 어마어마한 돈이 들어. 밧줄도 사야 하고 그물추도 사야 했어. 또 우리는 밤에 잠도 못 자고 그물을 만들었어."

"그래, 사자들이 힘을 써 줬다는 건 인정해."

동물들의 수긍에 사자는 더욱 어깨를 쫙 폈다.

"그러니까 저 독수리 둥지에서 나온 음식과 보물 중 절반은 우리 사자들이 가지는 게 정당해."

"뭐? 반씩이나?"

"말도 안 돼!"

동물들이 웅성거리자 사자가 갑자기 큰 소리로 으르릉댔다.

"크아앙!"

고막이 떨어져 나갈 것만 같은 소리에 동물들은 몸을 움츠렸다. 사자는 그런 동물들의 반응이 맘에 들었다. 아무도 사자의 말에 반대할 수 없을 것만 같았다.

그 긴장감을 깨뜨린 건 흑곰이었다.

"푸하하하!"

한쪽에 거만하게 앉아 사자를 바라보던 흑곰이 거대한 몸을 일으키며 나섰다.

"사자의 억지가 너무 심하군."

흑곰의 말에 사자가 으르렁거렸다.

"뭐라고?"

"뭐, 그물을 만드는 데 많은 돈이 들었다는 건 나도 인정해. 하지만 그물을 만들자고 누가 아이디어를 냈지? 독수리를 향해 그물을 내던진

것도 누구였지? 바로 우리 흑곰들이었어! 게다가 우리 흑곰이 없었다면 애당초 독수리를 잡아 보겠다고 너희들이 나서기나 했겠어?"

"……."

다들 이번 싸움에 흑곰이 큰 공을 세웠다는 것은 알고 있었다. 다친 흑곰도 있었다. 하지만 사자처럼 흑곰이 또 무슨 말을 하려나 싶어 숨을 죽이고만 있었다.

"하지만 우리 흑곰은 독수리의 재산을 절반이나 달라고 할 만큼 염치 없진 않아. 왜냐면 다른 동물들도 함께 그물을 끌어당겨 줬잖아."

"맞아!"

늑대가 잽싸게 외쳤다.

"난 그물을 잡아당기느라 앞발의 털이 한 움큼이나 빠졌다고."

살쾡이도 말했다.

"나…… 나도. 나도 살갗이 다 벗겨졌어."

여우도 끼어들고 망아지도 말을 보탰다.

"난 독수리에게 머리를 세 번이나 쪼였어!"

눈치를 보고 있던 토끼도 슬그머니 끼어들었다.

"우리 토…… 토끼가 미끼가 되었다는 건 다들 알고 있지? 독수리는 우리를 잡겠다고 그물 있는 곳으로 날아왔어."

너도나도 지지 않겠다는 듯 동물들이 일제히 떠들기 시작했다. 동물들은 이 자리에서 자신들이 싸움에 얼마나 큰 공을 세웠는지 알려야만 했다. 그래야만 조금이라도 독수리의 재산을 가져갈 수 있다는 걸 알았기 때문이다. 생각지도 못하게 열을 올리는 동물들을 바라보며 흑곰이 소리를 질렀다.

"야, 조용히들 해! 그래 봤자 우리 흑곰이 없었다면 너희들 모두 도루묵이야. 너 독수리랑 싸워서 이길 수 있어? 너 싸움 잘해?"

"……."

동물들은 아무 말도 못 하고 불만스럽게 입을 비쭉거렸다.

"어쨌든 난 독수리의 재산 1/3을 가져갈 거야."

흑곰의 말에 늑대가 작은 소리로 중얼거렸다.

"욕심쟁이…… 같으니라고."

"너 방금 뭐라고 했어?"

흑곰의 말에 늑대는 눈을 동그랗게 뜨고 시치미를 뗐다.

"아무 말도 안 했는데?"

흑곰이 으르렁거리자 주변은 살얼음판처럼 아슬아슬해졌다. 금방이라도 싸움이 일어날 것 같았다.

두더지가 유진이의 옆구리를 콕콕 찔렀다.

"유진아, 뭐라도 해 봐. 보고만 있을 거야?"

유진이는 어쩔 수 없이 자리에서 일어나 주변을 진정시켰다.

"워, 워. 싸우지 마시고요. 다들 여러분의 입장을 잘 들었습니다. 제 생각에는……."

그러자 한쪽 구석에서 쪼그리고 있던 독수리가 날개를 푸드덕거리며 유진이에게 날아왔다.

"유진 님, 세상에서 가장 현명하신 사람 님. 제발 살려 주세요. 저놈들이 내 재산을 다 가져가면 나는 앞으로 뭘 먹고 삽니까? 저도 살아야죠. 이게 어떻게 모은 재산인데…… 흑흑, 제발…… 요. 네?"

그러자 사자가 독수리의 어깻죽지를 홱 잡아당겼다.

"이 녀석이 지금까지 한 행동은 생각 못하고 어디서 까불어? 이게 어떻게 모은 재산이냐고? 네 녀석이 우리 재산을 야금야금 빼앗아 끌어모은 거잖아!"

사자의 말에 동물들이 저마다 한마디씩 큰 소리로 외쳤다.

"맞아, 맞아. 저 빵은 어제 내가 만든 거라고."

"저 목걸이는 원래 내 거였어."

동물들이 또다시 웅성거리자 유진이는 목소리를 높였다.

"조용, 조용! 이렇게 해서는 끝이 안 나요. 모두 제 의견에 따르겠다고 약속해 주세요. 저는 그러기 위해 여기 왔잖아요."

유진이를 바라보는 동물들의 눈에는 불만이 가득했지만, 유진이는 모르는 척 밀고 나가기로 했다.

"일단 여러분의 이야기 잘 들었습니다. 우선 오늘은 여기까지 하고 내일 독수리의 재산을 어떻게 나눌 것인지 결론을 내리겠습니다."

두더지가 말을 이었다.

"자자, 이제 각자 집으로 돌아가. 내일 유진이가 공평하고 정당하게 알아서 잘 해결해 줄 거야. 다들 내일 보자고."

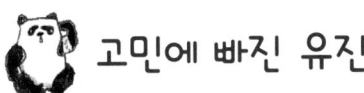 고민에 빠진 유진

두더지가 서둘러 동물들을 쫓아내자 하나둘씩 독수리 둥지를 빠져나가기 시작했다. 하지만 동물들은 둥지를 나가면서 유진이에게 신신당부했다.

"공정한 판결 기대할게."

사자는 이빨을 씩 보이며 웃었고, 흑곰은 커다란 앞 발가락으로 유진이의 어깨를 두드렸다.

"아주 공정하게 잘 나눠 줄 거라고 기대하마."

토끼도 빨간 눈을 도로록 굴리며 말했다.

"우리 같은 작은 동물들도 배려해 줄 거지?"

너구리도 끼어들었다.

"저기 저 반지는 원래 내 거였어. 저건 꼭 다시 찾고 싶어."

유진이는 두 손을 꽉 움켜쥐며 입술을 앙다물었다.

'어떡해? 여긴 왜 법이 없는 거야? 잘못하다간 저 동물들에게 내가 잡아먹히겠는걸.'

유진이는 이 모든 문제의 원흉인 두더지를 노려보았다. 왜 자신을 데려와서 이런 곤란한 지경에 빠지게 만들었는지 원망스러웠다.

'일단 내일 결정하자고 미뤄 놨지만 어떻게 하면 좋을까?'

두더지는 유진이가 모든 문제를 다 해결해 줄 거라고 찰떡같이 믿고 푹 안심하는 눈치였다.

'아, 도망가고 싶다…….'

유진이는 그날 밤 한숨도 못 자고 끙끙거렸지만 어떻게 해야 할지 쉽게 결론을 내릴 수 없었다. 두더지에게 이런 일을 재판하는 법은 없냐고 물어보았다.

"법이라고? 음…… 사자는 사자대로, 곰은 곰대로 자신들 종족별로는 지키는 법이 있긴 하지. 그리고 다른 종족 간에는 조약도 있고, 서로 지키자고 약속한 관습법이 있긴 하지만…… 이런 경우에 적용하는 국제법은 없어."

'으윽, 그럼 어떻게 해야 하지?'

유진이는 눈앞이 깜깜했다.

두더지가 고개를 갸웃거렸다.

"국제법이 있다고 해도 그걸 누가 재판하겠어? 그래, 유진이 네가 하면 되겠네."

말도 안 되는 생각이라며 유진이는 고개를 흔들었다.

'으악, 애니멀랜드에 이런 일을 재판해 줄 국제 재판소 같은 게 있다면 얼마나 좋을까?'

사자랑 흑곰이 독수리를 잡는 데 큰 공을 세운 건 사실이지만, 다른

국제법과 국제 사법 재판소

국가 간에도 지켜야 할 '조약'이나 '관습법' 같은 국제법이 있어요. 국가 간에 분쟁이 있을 때는 국제 사법 재판소에서 국제법에 따라 재판을 한답니다.

하지만 분쟁에 휩싸인 두 나라가 모두 심판을 해 달라고 국제 사법 재판소에 요구를 해야만 재판을 할 수 있어요. 두 나라 모두 재판 결과에 따르겠다는 의미이지요. 그런데 만약 재판에서 진 나라가 재판 결과를 받아들일 수 없다고 한다면 제재할 방법이 없어요. 국제 사법 재판소는 강제 집행권이 없기 때문이에요.

이러한 점을 보완하기 위해 유엔에서는 국제 사법 재판소의 결정에 따르지 않는 국가에 대해 경제적인 조치나 군사적인 조치를 취할 수 있답니다. 그런데 이런 제도를 교묘하게 이용하는 경우도 있어요. 일본은 독도가 누구 땅인지 자꾸만 국제 사법 재판소에서 재판을 해 달라고 우기고 있어요. 우리로서는 독도가 이미 우리 땅이기 때문에 재판을 할 이유가 없어요. 하지만 일본은 재판에서 무조건 이기려고 한다기보다 '독도가 분쟁 지역이다.'라는 인식을 세계에 주고 싶어 해요. 우리나라는 적극적으로 대응하지 않음으로써 국제 사회 문제로 만들고 있지 않은 거고요.

일본의 또 다른 영토 분쟁 사례들

분쟁 지역	독도	센카쿠 열도 (댜오위다오)	쿠릴 열도 (북방 영토)
분쟁국	대한민국	중국	러시아
점유 개시 연도	1945년	1895년	1945년
실효적 점유국	대한민국	일본	러시아
점유국의 대응	영토 분쟁 부정	영토 분쟁 부정	일부 반환 의사 밝힘

동물들의 노력도 무시할 순 없었다. 또 애당초 독수리가 가지고 있는 물건 중에는 다른 동물의 것도 많았다.

'원래 주인에게 돌려줘야 하는 게 옳은 일이잖아.'

'하지만 공을 세운 사자랑 흑곰이 가만히 보고만 있을까?'

유진이는 차라리 아침 해가 떠오르지 않았으면 했지만, 야속하게도 어김없이 날이 밝아 왔다.

그리고 놀라운 소식이 유진이에게로 날아왔다.

"유진, 유진, 어떡하면 좋아?"

"왜? 무슨 일인데?"

두더지가 식은땀을 뻘뻘 흘리면서 말했다.

"독수리……, 독수리가 도망을 갔어!"

"어, 어쩔 수 없지. 어차피 독수리를 혼만 내 주려고 했던 거 아니야?"

두더지가 답답하다는 듯 유진이를 쳐다봤다.

"독수리 둥지가 텅 비어 있어. 독수리가 둥지 안의 보물들을 다 챙겨서 도망을 갔다고!"

비정부 기구, NGO를 만나요

국제기구는 보통 각 나라 간에 만들어지는 조직이지만 개인이나 민간 단체에서 만들기도 해요. 이렇게 국제 활동을 하는 조직을 NGO(비정부 기구, Non-Governmental Organization)라고 해요. 환경 보호 단체로 유명한 '그린피스', 다친 사람이 있다면 어디든 달려가는 '국경 없는 의사회'가 대표적이지요. NGO는 주로 인권, 질병, 환경 등 각 나라의 정부에서 미처 관리하지 못하는 문제를 해결하거나 정부의 활동을 감시하는 역할을 한답니다.

국제 투명성 기구

전 세계 국가의 부패 지수를 매년 발표하는 단체예요. 한국 투명성 기구(1999년 8월 창립)는 국제 투명성 기구의 한국 지부로, 국제 부패 방지, 해외 반부패 운동의 국내 소개와 한국 반부패 활동의 해외 소개 등의 업무를 맡고 있어요.

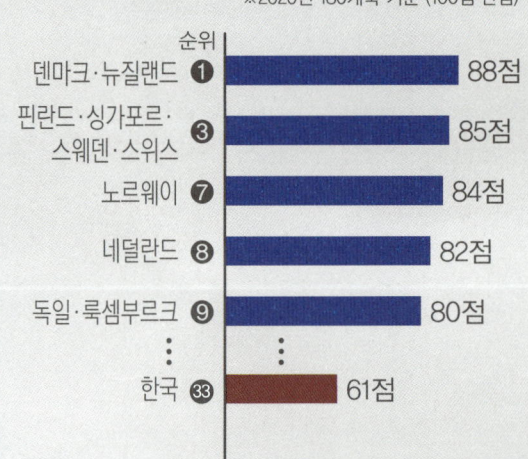

국가별 부패 인식 지수(CPI) 순위
※2020년 180개국 기준 (100점 만점)

순위	국가	점수
1	덴마크·뉴질랜드	88점
3	핀란드·싱가포르·스웨덴·스위스	85점
7	노르웨이	84점
8	네덜란드	82점
9	독일·룩셈부르크	80점
33	한국	61점

자료: 국제 투명성 기구(TI) 한국 본부 한국 투명성 기구

군인에게 국경은 있어도 의사에게 국경은 없다.

국경 없는 의사회

1971년 프랑스의 청년 의사들이 주축이 되어 설립된 비정부 기구예요. 나이지리아 내전 중 국제 적십자사 활동을 하다가 분리되어 설립되었어요. 전쟁, 질병, 자연재해 등 의료의 손길이 필요한 곳에 달려갑니다.

공정한 재판을 하라! 고문, 사형을 반대한다! 양심수를 석방하라!

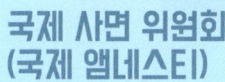

국제 사면 위원회 (국제 앰네스티)

중대한 인권 학대 종식과 예방을 위해 만든 단체예요. 권리를 침해 받는 사람들의 편에 서서 정의를 요구하고 행동하며, 관련 연구를 수행하는 것에 목적을 두고 있지요.

월드 비전

1950년 6·25 전쟁 때 고아를 돕기 위해 만든 기독교 국제 협력 기관이에요. 세계에서 가장 큰 구호 개발 기구 중 하나예요.

그린피스

초기에는 핵 실험 반대 운동 중심이었지만, 현재는 유전자 조작 콩과 옥수수, 고래 사업 반대 등의 다양한 운동을 하고 있는 세계 환경 단체 중 하나예요.

토론왕 되기!

국제 기금을 어떻게 모을까?

전쟁은 모두를 불행하게 하지만 특히 어린이와 여성에게 더 가혹해요. 제2차 세계 대전이 끝난 후, 수많은 아이들이 굶주림과 질병으로 죽어 갔어요. 이들을 돕기 위해 국제 연합 아동 기금(유니세프, UNICEF)을 만들었는데, 유니세프의 도움을 받은 체코의 한 어린이가 감사의 편지와 함께 그림을 보내 왔어요. 그림 편지를 받은 사람들은 감동했고 이후 유니세프 카드는 기부 모금의 한 방법으로 자리를 잡았어요.

국제기구를 운영하려면 많은 돈이 필요해요. 이 돈은 어떻게 마련하는 게 좋을까요? 숲속 마을 동물들의 이야기를 읽고 친구들과 토론해 봐요.

우리 노루들은 전쟁을 하고 싶지도 않았고 할 생각도 없었어요.
그런데 우리 땅에서 늑대랑 사자가 싸우는 바람에 피해가 큽니다.
농사를 짓지 못해 다가올 겨울에 먹을거리도 없어요.
게다가 어린 노루들이 부모를 잃고 길거리를 헤매고 있습니다.
숲속 마을에서는 당장 먹을 식량과
어린 노루들을 돌볼 경비를 지원해 주세요.

싸움이 우리 때문에 난 것도 아니고, 책임져야 할 독수리는
도망을 갔소. 독수리의 재산을 되찾아와 분배할 때
노루 씨의 몫도 분배하지.

언제 독수리를 잡아 옵니까?
또 재산은 언제 나누고 언제 식량을 사고, 어린 노루를 키웁니까?
해결될 때까지 기다리다가 굶어 죽게 생겼습니다.

사정이 딱한 건 알겠지만 우리도 식량이 부족하오. 이런 상황에서 솔직히 노루네 문제는 노루가 알아서 처리를 해야지요.

우리 스스로 돌볼 힘이 있었다면 이렇게 도움을 청하겠습니까? 콩 한 자루는 누구도 배불리 먹을 수는 없지만 서로 나눠 먹는다면 굶어 죽는 동물은 없을 겁니다.

마을 차원에서 도와줄 수는 없고 뜻 있는 동물들이 자발적으로 기금을 모은다면 도울 수는 있을 것 같습니다만…….

이런 사정이 숲속 마을에 알려지자 종족을 넘어서 어린 동물들을 보호하는 기금이 만들어졌어요. 모아진 기금으로 위기를 넘긴 노루들은 놀랍게도 스스로 자립을 할 수 있게 되었죠. 더 나아가 얼마 되지 않아 다른 동물들을 돕는 데 앞장서기까지 했어요.

그런데 숲속 마을에서 그동안 모아 놓았던 공공의 재산이나 식량을 나누어 쓸 수는 없었던 것일까요? 다음에 이런 문제가 생기면 또다시 그때그때 동물 개개인의 힘을 모아서 이겨 내야 하는 것일까요? 여러분은 어떻게 생각하나요?

낱말 찾기

세계에는 여러 나라가 있고 각 나라마다 이해관계가 다르기 때문에 서로 갈등이 생기기도 하지만 협력하여 함께 문제를 해결하고 있어요. 이런 다양한 활동을 하는 국제기구와 관련 용어를 낱말 퍼즐 속에서 찾아보세요.

힌트

❶ 국제적인 목적이나 경제 활동 등을 위해 두 나라 이상이 모여 만든 조직이에요.
❷ 하나의 유럽을 외치며 모인 유럽 국가들의 모임이에요.
❸ 가장 대표적인 국제기구로 전쟁 방지와 안전을 보장하기 위해 만들어졌어요.
❹ 배고픔이나 질병으로 고통받는 어린이들을 돕기 위해 만들어진 '국제 연합 아동 기금'이에요.
❺ 국가 간에 분쟁이 있을 때 국제법에 따라 재판을 하는 국제기구예요.
❻ "모든 인류가 아프지 말고 건강하게"를 외치며 만들어진 국제기구로 전염병 예방에도 노력해요.
❼ 대표적인 NGO로서 고래 지킴이로 유명한 국제 환경 보호 단체예요.

애니멀랜드 별동대

독수리를 잡아 오기 위한 별동대(작전을 위하여 본대에서 따로 떨어져 나와 독자적으로 행동하는 부대)가 꾸려졌다. 유진이와 두더지는 숲속 마을로 들어갔다.

숲속 마을은 초원이 넓게 펼쳐져 있는 애니멀랜드와는 분위기가 많이 달랐다. 지형도 달랐고 초원보다 훨씬 더 다양한 동물들이 살고 있었다. 호랑이, 판다와 원숭이, 사슴과 노루 그리고 작은 생쥐가 유진과 두더지를 에워쌌다. 숲속 동물들은 유진과 두더지 일행을 그다지 반기지 않았다. 그들은 유진과 두더지가 왜 여기 왔는지, 애니멀랜드에 도대체 무슨 일이 있었는지 꼬치꼬치 캐물었다. 그들에게 충분한 설명을 해 주고 난 뒤에야 유진이와 두더지는 숲을 가로 질러 독수리가 머물고 있다는 절벽으로 갈 수 있었다.

사실 숲속 동물들도 독수리를 좋아하지 않았다.

"요즘 우리도 독수리 때문에 얼마나 피곤한지 몰라요."

"세상의 모든 날짐승들이 다 여기로 모여들었는지, 쯧쯧. 어찌나 시끄러운지."

"새들이 다 잡아먹어서 개구리랑 뱀은 씨가 말랐어요! 제발 좀 데려가요!"

"숲속 마을을 떠날 때 절벽 아래에 쌓인 새똥은 치우고 가요!"

독수리는 숲속 마을에서도 제법 말썽을 부린 모양이었다. 그래서인지 애니멀랜드를 바라보는 숲속 마을 동물들의 분위기가 좋지 않았다. 유진이와 두더지는 절벽으로 가는 길에 숲속 동물들이 절벽 위의 날짐승에게 고함치는 걸 볼 수 있었다.

두더지가 투덜거렸다.

"어휴, 하여튼 독수리 저 녀석이 말썽꾸러기라니까."

유진이는 힐끗 두더지를 보며 쏘아붙였다.

"어쭈, 누가 할 소리! 괜한 사람을 끌고 온 동물도 있는데 뭐."

두더지가 발끈했다.

"야! 그건 우리 애니멀랜드의 평화를 위해 어쩔 수 없었어."

'흥, 핑계 없는 무덤은 없지.'

유진이는 못 들은 척하며 허리를 숙이고 바닥에 떨어진 여러 개의 깃털을 주웠다.

"그나저나 독수리가 정말 날짐승의 새로운 모임을 만들었나 봐. 황새, 오리, 까마귀, 공작 깃털도 있어."

"으윽, 돌아가지 않겠다고 하면 어쩌지?"

"설득을 잘 해야지."

유진이와 두더지는 땀을 뻘뻘 흘리면서 절벽 위로 겨우 올라갔다. 독수리는 절벽 위에서 기다렸다는 듯이 자리를 잡고 있었다. 어깨를 쭉 펴고 당당하게 유진이와 두더지를 내려다보며 말했다.

"여기까진 무슨 일로?"

독수리는 위풍당당했다. 애니멀랜드에서 깃털이 숭숭 빠진 채 울음을 터뜨리던 모습은 찾아볼 수 없었다. 심지어 등 뒤로 온갖 날짐승들을 마치 호위병 따라다니며 곁에서 보호하고 지키는 군사처럼 데리고 있었다.

"설마 날 애니멀랜드로 끌고 가려고?"

독수리의 말에 뒤에 서 있던 까마귀가 아첨하듯 말을 붙였다.

"설마 저들이 그럴 리가 있겠습니까. 독수리 님, 제가 볼 때는 아마도 독수리 님을 다시 황제로 모셔 가려고 온 듯싶은데요."

"뭐? 황제?"

두더지가 발끈했지만 모여 있는 새들의 기세에 눌려 제대로 들리지도 않았다. 두더지는 애꿎은 유진이만 쿡쿡 찔렀다. 유진이도 조금 겁이 났지만 용기를 내야만 했다.

"독수리 님, 제 말을 들어 보세요. 독수리 님도 언제까지 여기 숲속 절벽에서만 살 수는 없잖아요. 언젠가 애니멀랜드로 돌아갈 거잖아요."

"흥, 그깟 애니멀랜드? 난 여기 절벽이 좋아. 새로운 땅에서 우리는 맘껏 하늘을 날 수 있고, 새로운 형제들과 함께 자유를 누리면서 잘 살고 있어!"

독수리의 말에 새들이 일제히 날개를 퍼덕거리며 환호했다.

"옳소! 새로운 땅에서 새로운 시대를 열자!"

확실히 독수리는 절벽에 새롭게 자리를 잡은 듯했다. 어디에서든 대

장 노릇을 하는 게 좋은 독수리는 만족스러워 보였다. 하지만 유진이는 독수리가 애니멀랜드에 대한 미련을 가지고 있다는 것을 알아챘다.

정말 애니멀랜드를 마음속에서 떨쳐 버렸다면 유진이와 두더지가 절벽 위로 올라오는 걸 가만둘 리가 없었을 것이다.

"그래도 가끔씩은 애니멀랜드에 놀러 가고 싶잖아요. 독수리 님, 그렇지 않나요?"

독수리는 능청스럽게 부리를 삐죽댔다.

"흥, 내가 애니멀랜드에 얼씬만 해도 그 녀석들이 날 잡아먹으려 들걸? 내가 거길 왜 가!"

"그러니까 제가 도와드릴게요."

"어떻게?"

유진이는 그동안 고민해 왔던 방법을 설명했다. 어차피 모든 동물들이 만족하는 해결책은 없었다. 그렇다면 방법은 하나였다. 남의 탓을 하지 않고 스스로 답을 찾을 수 있도록 해야 한다. 남의 강요로 인한 결과는 남 탓을 하기 쉽지만, 자신이 선택한 일에 대해서는 좋지 못한 결과도 잘 받아들이는 법이다. 나라마다 가지고 있는 얽히고설킨 복잡한 문제를 풀어 가기 위해 국제기구를 만드는 것처럼 동물들도 각각 대표들이 모이는 연합 기구가 필요했다.

독수리가 콧방귀를 뀌었다.

"그래서 네가 그 외교를 담당하는 애니멀 국제기구를 만들 것이고, 모든 동물들을 가입시키겠다고?"

"네."

"국제기구에서 시키는 대로 동물들이 따라 줄 것 같아?"

"시키는 대로 하는 것이 아니라 우리가 만든 규칙이니까 우리 스스로 지켜야죠!"

독수리가 유진이를 바라보며 픽 웃었다.

"꼬마야, 생각은 기특하지만 어림없단다. 동물들의 세상은 인간하고 좀 달라. 힘이 센 동물이 그런 단체에 왜 가입하겠니? 말을 안 들으면 그냥 위협해서 말을 듣게 하면 돼. 약한 동물은 강한 동물에게 복종을 하지. 그것이 동물 세상의 이치란다."

독수리는 한껏 으스대며 말했다.

"세상이 혼란스러운 건 질서가 안 잡혀서 그래. 힘이 센 강자가 앞에 나서고 그 강자 아래로 줄을 서면 세상이 평화롭지."

유진이는 고개를 좌우로 흔들었다.

"대화로도 충분히 문제를 해결할 수 있어요. 조금씩만 양보하고 서로를 배려한다면 모두가 살기 좋은 세상으로 변할 거예요. 평화롭기도 하고요."

유진이의 말에 독수리와 새들이 카르르륵 소리 내어 웃었다.

"평화란 말이야, 힘의 균형이야. 즉 힘이 똑같은 이들 사이에서만 존재하는 법이지."

독수리의 말에 두더지가 벌컥 화를 냈다.

"천만에. 싸움만이 능사가 아니야. 만약 그랬다면 이 세상에서 약한 동물들은 벌써 세상에서 사라졌겠지. 독수리 네가 욕심을 부리기 전까지 우리는 서로가 서로를 도와주면서 이제껏 잘 살아왔어. 서로 싸우지 않고도 잘 지냈다고."

유진이도 고개를 끄덕였다.

"맞아요. 세상은 그렇게 살벌한 곳만은 아니에요."

두더지는 독수리가 애니멀랜드를 독점하던 시절이 생각났는지 더욱 화를 냈다.

"나쁜 녀석! 너 혼자만 잘 먹고 잘 살 수 있을 것 같아? 세상이 그렇게 만만해서 독수리 너는 애니멀랜드를 피해 이곳으로 도망 왔냐?"

두더지의 말에 화가 난 독수리가 외쳤다.

"두더지 이 녀석, 나한테 혼이 덜 났지. 너 이리 와."

"오란다고 누가 갈 줄 알아!"

두더지가 혀를 쏙 내밀더니 잽싸게 땅속으로 숨어 버렸다.

유진이는 화를 내며 씩씩대는 독수리를 달랬다.

"국제기구를 만들면 싸움뿐만 아니라 여러 가지 문제도 해결할 수 있어요. 가령 여기 까마귀 둥지에서 불이 났다고 생각해 보세요. 독수리 님은 보고만 계실 건가요? 아니면 달아나실 건가요?"

독수리가 버럭 화를 냈다.

"멍청한 소리. 빨리 불을 꺼야지!"

"역시 우리의 독수리 님, 감사합니다."

옆에서 듣고 있던 까마귀가 날개를 치켜세웠다.

"아니, 그게 아니라 내 둥지에 불이 옮겨 붙을까 봐 그렇지."

"네, 맞아요. 동물 수가 적었던 옛날에는 동물의 집들끼리 멀리 떨어져 있어서 강 건너 불구경하듯 가만히 보고만 있어도 괜찮았지만 요즘은 아니잖아요. 다닥다닥 집이 붙어 있으니까요. 어디에서든 불이 나면 금방 모든 것을 불태워 버릴 거예요. 화재뿐만 아니라 전염병도 마찬가지예요. 이럴 때를 대비해 모든 동물들이 가입한 소방대라든지, 국제 의사 기구 같은 단체가 있다면 얼마나 좋을까요?"

독수리 뒤에서 호위하듯 서 있던 새들이 고개를 끄덕이며 말했다.

"…… 음, 국제 소방대나 국제 의사 협회, 그건 괜찮겠는데?"

"맞아, 지난번에 연못에서 물고기 떼가 한꺼번에 죽었잖아. 그래서 전염병이 돌았지."

"의사는 동물을 가리지 않고 누구나 치료해 주어야 해."

"맞아. 치사하게 저희들끼리만 병원에 가고, 우리는 날짐승들이라고 병원 근처에도 가지 못하게 했잖아."

새들이 국제기구의 필요성에 대해 납득하는 것 같아 유진이는 희망을 느꼈다. 하지만 독수리는 좀처럼 대답하지 않고 뜸을 들였다.

그때였다. 갑자기 땅이 꿈틀꿈틀하더니 땅속에서 두더지가 얼굴을 쑥 내밀었다.

"유진, 유진, 큰일 났어!"

두더지의 말이 끝나기도 전에 갑자기 하늘에서 비둘기가 날아와 외쳤다.

"전쟁이 났다! 전쟁이 났어!"

"누가 누구랑 싸우는 거야? 사자랑 흑곰이야?"

"아니, 동물들 모두 다."

 **1차 동물 전쟁**

유진이는 급히 애니멀랜드로 되돌아가면서 두더지에게 상황 설명을 들었다. 애니멀랜드에 있는 거의 모든 동물들이 늑대와 사자와의 싸움에 끼어들었다고 했다.

"늑대 무리들이 사자와 붙었나 봐. 흑곰은 사자 편이라는데?"

"늑대가 뜬금없이 왜?"

"흑곰은 왜 이쪽 갔다 저쪽 갔다 하는 거야?"

애니멀랜드에서 일어난 동물들의 싸움은 지금까지 겪어 본 적이 없는 규모였다. 많은 동물들이 참여했고 그만큼 피해도 컸다. 하지만 싸움은 쉽게 끝나지 않았다. 다친 동물들은 점점 늘어났고, 집집마다 불이 나고 논과 밭은 망가졌다.

이런 엄청난 규모의 싸움이 일어난 원인은 어처구니없게도 숲속 마을에 대한 이윤 때문이었다. 애니멀랜드의 동물들은 대개 자신들의 영역인 초원에서 잘 벗어나지 않았는데, 이번에 독수리를 찾기 위한 별동대의 추적 과정 중에 숲속 마을로 들어가는 새로운 길을 발견했다. 예전부터 오고 갔던 좁은 길이 아니라 배를 타고 건너가는 것이었다. 이 방법은 매우 효과적이었다. 무엇보다 이전에는 기껏해야 제 몸집만큼 실어 나를 수 있는 과일과 먹이들을 배를 이용하면 한꺼번에 많이 실어

올 수 있었다. 그러다 보니 숲속 마을에서 들어오는 물자의 양도 늘어났고, 왕래하는 애니멀랜드의 동물들도 늘어났다.

숲속 마을에서는 예전부터 왕래하던 사자에게만 독점적으로 팔았던 물건을 이제는 흑곰에게도, 노루에게도 팔았다. 그러다가 또 일부 물건은 팔지 않겠다고 으름장을 놓기도 했다. 그러자 비밀리에 숲속 마을로 들어가 물건을 몰래 들여오는 애니멀랜드의 동물이 생겨났고, 더 많은 물건을 차지하기 위해 서로 싸우기도 한다는 소문도 돌았다.

서로 잘났다고 다투다가 멱살을 잡고 싸우고, '남의 거래처를 털어 간 도둑이네 강도네.' 하면서 말다툼하던 동물들이 아예 숲속 마을에 깃발을 꽂고 싸우기 시작했다는 거였다.

"여긴 내 땅이야."

"그럼 여기부터는 내 땅."

졸지에 땅을 빼앗긴 숲속 마을에서도 들고일어났지만, 막상 싸워 보니 덩치 큰 애니멀랜드 동물에게 밀려 꼼짝을 못했다. 숲속 동물들은 꼬리를 내리고 눈치를 보는데, 애니멀랜드 동물들끼리 큰 싸움이 일어나고 말았다. 조금의 양보도 없었다. 살벌한 기운만 가득했다.

"이게 무슨 짓이야!"

"그만둬. 이러다가 우리 모두 다 죽겠어!"

두더지가 소리를 지르며 동물들을 말려 보았지만, 동물들은 눈이 시

제1차 세계 대전과 국제 연맹

제1차 세계 대전 이후 전쟁에서 이긴 연합국들이 프랑스 파리에 모였어요. 어떻게 하면 또 다른 세계 분쟁을 막고, 평화를 가져올까 고민했지요. 미국의 윌슨 대통령이 국제 협력을 위한 국제기구를 설립할 것을 주장하자 다른 여러 나라들이 적극 찬성을 했어요. 이렇게 만들어진 국제 연맹은 처음에는 국가 간 약속을 잘 지키고 작은 국제 분쟁을 해결하는 등 세계 평화에 기여했지만, 일본, 이탈리아, 독일 등이 약속을 지키지 않았어요. 심지어 설립을 먼저 제안한 미국은 국내 문제 때문에 연맹에 참여조차 하지 않았답니다.

이후 일본의 만주와 중국 침략, 이탈리아의 에티오피아 점령, 독일의 베르사유 조약 거부 등으로 제2차 세계 대전이 일어났어요. 그래서 국제 연맹은 제2차 대전 중 활동을 끝마쳤어요. 이후 1946년 국제 연맹의 목적과 방식 등을 상당 부분 이어받은 국제 연합(UN)이 새롭게 만들어졌답니다.

뻘게진 채 들은 척도 하지 않았다. 유진이는 멀찌감치 떨어져 넋을 놓고 그들을 바라보았다.

무섭고 끔찍했던 밤이 지나가고 아침이 밝아 오자 동물들도 제정신이 돌아오는 모양이었다.

"으으윽…… 너무 아파."

"도와줘."

그나마 몸이 온전한 동물들은 서둘러 야전 병원_{싸움터에서 생기는 부상병을 일시적으로 수용하고 치료하기 위하여 전투 지역에서 가까운 후방에 설치하는 병원}을 세우기 시작했다. 유진이도 그들을 도와 다친 동물들을 치료하는 걸 돕기 시작했다.

그때 늑대 한 마리가 사자들이 모여 있는 병원 안으로 들어왔다. 늑대의 눈은 팅팅 부어 있었고 다리는 심하게 쩔뚝거렸다.

"저 흉악한 늑대가 여기가 어디라고 얼쩡거려. 썩 꺼지지 못해!"

온몸에 붕대를 칭칭 감은 사자가 으르렁거리자 늑대는 찔끔 놀라며 뒤로 물러났다. 아마도 늑대네 병원으로 간다는 게 사자네 병원으로 잘못 들어온 듯했다. 지난밤 싸움에서 늑대와 사자는 특히나 심하게 싸웠다. 사자 쪽이 이기긴 했지만, 양쪽 모두 부상이 너무 심했다.

유진이는 다친 늑대가 너무 불쌍하고 안타까웠다. 그때 의사 가운을

입은 사자가 소리쳤다.

"우리 병원은 모든 환자를 치료합니다! 의사는 적군과 아군 가리지 않습니다. 모든 환자는 우리의 치료를 받을 수 있습니다!"

의사가 늑대의 손목을 잡아끌자 늑대는 주저하면서도 병상 침대에

누웠다. 의사는 정성스럽게 치료를 했고, 늑대는 감사의 눈물을 뚝뚝 흘렸다. 그 모습을 본 다른 동물들도 비난의 눈초리를 거두었다.

동물들의 이러한 행동을 보고 유진이는 깜짝 놀랐다.

"그래, 아직 희망은 있구나. 이익을 위해 서로 죽기 살기로 싸우기도 하지만, 아픈 동물은 기꺼이 치료해 주려고도 하잖아. 서로가 서로를 돕고 사는 착한 마음도 있어."

그때부터 유진이와 두더지는 애니멀랜드를 돌아다니면서 동물들을 설득하기 시작했다.

"더 이상 싸움을 해서는 안 됩니다."

"집과 마을이 다 불타 버리면 싸움에서 이긴들 무슨 소용이 있겠어? 안 그래?"

동물들도 고개를 끄덕였다.

"맞아. 싸움은 지긋지긋해. 나도 평화를 원한다고."

"하지만 살다 보면 다툼이 일어나기 마련이고 그때마다 다툼을 어떻게 막겠어?"

"그래서 국제기구를 만들자는 거예요. 각 동물들의 대표가 모여 국제기구를 만들고, 그 국제기구의 결정을 모든 동물들이 따르겠다고 약속을 해야지요."

"문제나 다툼이 생기면 국제기구에서 회의를 해서 결정을 내리고 재판까지 하면 돼."

하지만 동물들은 고개를 갸웃거렸다.

"어디서나 말썽꾸러기들이 있잖아. 약속을 지키지도 않고 재판의 결정에 따르지도 않으면?"

유진이는 차분하게 설명했다.

"그때는 국제기구에서 평화 유지군을 파견해야지요. 국제기구에 힘이 없다면 아무 의미가 없어요."

 국제 동물 연맹 설립

유진이가 제안한 국제기구의 설립은 동물들의 지지를 받기 시작했다. 다들 싸움에 지쳐 있었고, 누구나 평화로운 세상에서 살고 싶어 했

다. 이렇게 해서 처음 만들어진 기구는 '국제 동물 연맹'이었다. 하지만 국제기구에 군대를 두는 문제에 대해서는 모두 떨떠름하게 생각했다.

"평화를 만들어 가는 단체인데, 굳이 군대를 둘 필요가 있겠어?"

"그 군대의 지휘권은 누가 가져야 하지? 군대 지휘권을 가지면 대장이 되는 거 아니야?"

국제 동물 연맹은 무장한 군대는 갖지 않기로 했다.

그럼에도 국제 동물 연맹은 점차 영향력이 늘어났고, 숲속 마을에서도 몇몇 판다와 원숭이가 국제기구에 함께하고 싶어 했다.

하지만 독수리를 포함한 날짐승들은 국제 동물 연맹에 가입하지 않고 구경만 했다. 왜냐하면 국제 동물 연맹에서 이번 싸움에 대한 책임을 전쟁에서 패한 늑대에게 몰아붙였기 때문이었다. 늑대들은 엄청난 피해 보상액을 물어 주고, 가지고 있던 땅도 많이 빼앗겼다. 독수리는 자칫하면 자기도 지난번에 힘들게 빼돌린 재산을 뺏길지도 모른다고 생각하여 가만히 지켜보기만 했다.

그런데 이번 국제 동물 연맹의 결정에 늑대 무리들은 불만이 많았다. 싸움에 져서 아무 소리 못 하고 물러나 있긴 했지만 가만히 당하고 있을 늑대들이 아니었다.

'틀림없이 늑대들이 뒤통수를 칠 거야!'

그때를 노려 독수리는 늑대를 은밀하게 도와줄 생각이었다. 그러면 힘이 비슷해진 늑대랑 사자는 다시 싸움을 할 테고, 곧 둘은 완전히 지칠 것이다. 그때가 바로 날짐승들이 짠 하고 나타날 시기라고 독수리를 비롯한 날짐승들은 생각했다. 더구나 요즘 흑곰은 내부 문제로 시끄러워서 밖의 싸움에 신경 쓸 겨를이 없었다. 흑곰과 불곰 간의 알력_{수레바퀴가 삐걱거린다는 뜻으로, 서로 의견이 맞지 아니하여 사이가 안 좋거나 충돌하는 것을 이르는 말}이 만만치 않다고 했다.

독수리의 생각대로 늑대들이 반발하기 시작했다.

"우리가 왜 듣도 보도 못한 국제 동물 연맹의 말대로 돈을 지불해야 하나? 너희들이 가져간 그 땅은 우리 늑대들이 정당하게 획득한 땅이라고. 우리는 국제 동물 연맹의 결정을 인정 못해!"

결국 또다시 늑대와 애니멀랜드 동물들의 싸움이 시작되었다. 하지만 독수리의 예상과는 달리 늑대는 독수리에게 손을 뻗지 않고 숲속 동물들에게 힘을 빌리기 시작했다.

"오호? 늑대들이 영리하군. 우리 날짐승들에게 이용 당하기 싫다 이 거지?"

"흥, 하지만 우리 새들의 도움 없이 버틸 수 있겠어?"

2차 전쟁이 시작되자 절벽 위 독수리 둥지도 덩달아 바빠졌다. 비둘기는 날마다 애니멀랜드에서의 싸움에 대한 정보를 물고 날아왔다. 그런데 이게 웬일? 늑대가 아니라 사자 편에서 도와 달라는 청이 들어왔다. 독수리는 청을 받아들이면서도 적극적으로 돕지는 않았다.

'후후, 내가 왜 싸움에 끼어들겠어?'

가만 놔두면 애니멀랜드는 알아서 두 편으로 찢어지고 결국 모두 지칠 것이 틀림없었다. 독수리는 그들을 돕는 척하면서 구경만 했다. 두 종족들이 완전히 힘이 빠지기만을 기다리는 게 날짐승들의 전략이었다.

"독수리 님! 독수리 님!"

그때 오리가 뒤뚱거리면서 뛰어왔다. 오리의 얼굴은 사색이 되어 있었다.

"무슨 일이야?"

"알이…… 독수리 님께서 애지중지하시던 소중한 알이…….'

최근 독수리는 둥지에 세 개의 알을 낳았다. 모든 날짐승들이 새로운 독수리가 태어나기만을 간절히 기다리고 있던 터였다.

독수리는 오리를 다그쳤다.

"알이 왜? 제대로 말 못해?"
"알이…… 알이…… 없어졌습니다."
독수리는 괴성을 질렀다.
"누가 감히 내 알을 훔쳐 가!"

국제 연합은 어떤 곳일까?

국제 연합은 가장 대표적인 국제기구로 전쟁을 방지하고 평화를 유지하기 위해 정치, 경제, 사회, 문화 등 전 분야에서 다양한 일을 하고 있어요. 공식 언어로는 영어, 프랑스어, 스페인어, 러시아어, 아랍어, 중국어를 사용하고, 필요한 경비나 운영비는 회원국들의 국민 소득에 따라 분담금을 내지요. 즉 잘사는 나라는 많이 내고, 가난한 나라는 적게 낸답니다. 우리나라는 평화 유지에 관련된 분담금을 많이 내는데, 상위 10개국을 살펴보면 미국, 일본, 독일, 영국, 프랑스, 이탈리아, 중국, 캐나다, 스페인, 그리고 대한민국이에요. 유엔은 또 규모가 매우 커서 효율적인 운영을 위해 6개의 주요 기구와 산하 기구, 전문 기구 및 관련 기구로 구성되어 있어요.

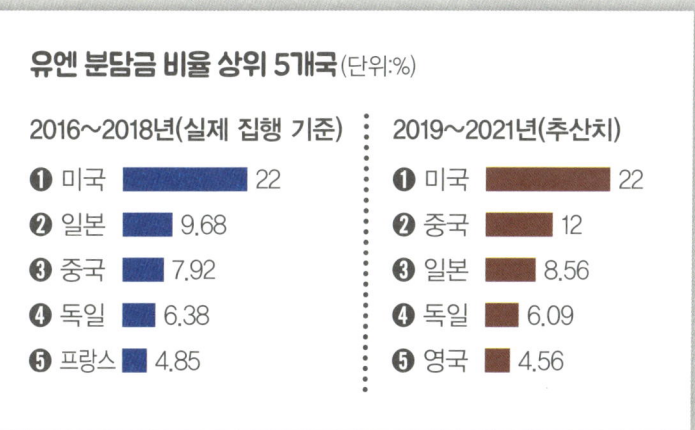

유엔 분담금 비율 상위 5개국 (단위:%)

2016~2018년(실제 집행 기준)	2019~2021년(추산치)
❶ 미국 22	❶ 미국 22
❷ 일본 9.68	❷ 중국 12
❸ 중국 7.92	❸ 일본 8.56
❹ 독일 6.38	❹ 독일 6.09
❺ 프랑스 4.85	❺ 영국 4.56

우리나라가 부담해야 하는 분담금은 세계 11위 수준이에요. 분담금이 클수록 유엔에서 목소리를 좀 더 낼 수 있다는 게 현실이지요.

국제 동물 연맹에 가입할까, 말까?

세계 동물의 평화를 위해서 국제 동물 연맹을 만든다고 해요. 하지만 힘이 약한 토끼들은 걱정이 많아요. 괜히 힘센 동물들 틈바구니에 끼여 곤란한 일만 생기는 게 아닐까요? 다들 가입하는데 혼자만 가입하지 않아서 손해 보는 건 아닐까요?

당연히 가입해야지. 동물들 사이에 어려운 문제가 있으면 서로 도와줄 수도 있어.

난 반대야. 그건 꿈같은 소리야. 세상을 둘러봐. 힘이 센 녀석이 제 뜻대로 휘두르고 있어. 실제로 국제 동물 연맹의 대장이 누가 될 것 같아?

하지만 힘이 약한 동물들이 훨씬 더 많아. 우리가 한마음으로 뭉치면 힘센 동물도 제멋대로 하지 못할걸?

우리가 굳이 그럴 필요가 있을까? 우리는 지금까지 우리끼리 잘 살아왔잖아.

하지만 요즘은 동물끼리 왕래가 활발해졌잖아. 우리끼리 문을 닫고 산다면 점점 가난해질 거야. 게다가 전염병이라든지, 환경 오염 같은 문제는 우리 혼자 해결할 수 없어. 다른 동물들과도 협력이 필요해.

하지만 국제 동물 연맹에 들어가면 연맹의 규칙을 따라야 해. 힘센 녀석들이 우리에게 이래라저래라 할 텐데. 불편하기도 하고 우리에게 손해가 될 일도 많을 거야.

우리가 국제기구에 들어가서 우리에게 유리한 방향으로 규칙이 만들어지도록 적극적으로 활동하면 되잖아.

지금 들어가면 다른 동물들의 말에 휘둘리기만 할 거야. 그러니까 힘을 키운 다음에 가입하자.

힘을 어떻게 키울 건데? 그때까지 걸리는 시간은 어떡하고.

국제 동물 연맹만을 고집할 필요는 없지. 아예 새로운 국제기구를 만들면 어떨까? 우리와 처지와 환경이 비슷한 동물들끼리 뭉치는 거지. 국제 초식 동물 연합은 어때?

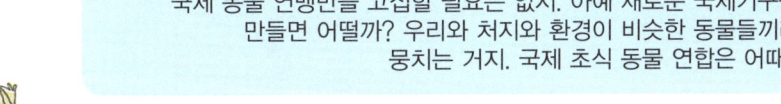
우리끼리 만든 국제 초식 동물 연합이 무슨 힘을 발휘하겠어? 먼저 국제 동물 연맹부터 가입해야 해.

그렇지 않아. 국제 초식 동물 연합을 만들어 힘을 모은 다음 국제 동물 연맹에 가입해야 해.

국제 동물 연맹에 가입하는 건 어쨌든 찬성이라는 거지?

그래, 알았어. 가입 시기는 좀 고민해 보자.

시대는 변하고 있고, 고립되어서 살 수만은 없어요. 국제기구의 필요성과 가입 시기에 대한 여러분의 생각은 어떤가요?

낱말 찾기

국제 연합은 세계 평화 유지와 안전을 위해 세워진 국제기구예요.
다음 중 국제 연합에서 하는 일이 아닌 것은 무엇일까요?

❶ 각 나라 간의 전쟁을 막고 갈등을 해결한다.

❷ 전쟁이 일어나면 회원국에 평화 유지군을 파견할 수 있다.

❸ 나라의 군사비를 줄이는 데 노력한다.

❹ 굶주림, 질병 등 지구촌의 문제를 함께 해결한다.

❺ 세계 평화를 위해 올림픽을 개최한다.

더 이상 싸움은 없어! 이제는 평화

 2차 동물 전쟁

독수리의 알을 훔친 것은 숲속 마을 원숭이였다. 원숭이는 애니멀랜드의 늑대와 힘을 합쳐 제2차 싸움에 끼어들었다. 싸움에 이기기만 한다면 이익이 상당할 것이라고 보았기 때문이었다. 승리하기 위해서는 무엇보다 독수리가 사자 편을 들지 못하게 해야만 했다. 그래서 독수리의 알을 훔쳤다.

독수리의 알 사랑은 유명했다. 알을 훔치는 데 성공만 하면 알을 인질로 삼아 독수리를 상대로 거래를 할 수도 있고, 더 나아가 협박도 할 수 있을 것이라고 생각했다. 그래서 몰래 절벽에 올라가 알을 훔치는 데까지는 성공했다. 그런데 가지고 내려오다 그만 알을 놓치고 말았다.

알이 손에서 미끄러지는 순간 원숭이는 깨달았다.

'망했다!'

이제는 되돌릴 수가 없었다.

지금까지 싸움을 지켜보기만 했던 독수리와 날짐승들이 완전히 사자 편에 섰다. 원숭이가 늑대와 친하다는 이유에서였다.

싸움을 구경하던 예전과는 달리 독수리가 적극 참여하자 싸움의 양상이 달라졌다. 강과 육지에서만 엉겨 붙던 싸움에 공중전이 가세를 하자, 늑대 편에 섰던 동물들은 당황하기 시작했다. 늑대 편은 서서히 수세에 몰리기 시작했다. 그러자 잽싸게 늑대 편에 섰던 너구리가 항복을 선언했다. 늑대들은 너구리를 향해 "겁쟁이!"라고 외치면서 더욱더 똘똘 뭉치기 시작했다.

그와 동시에 초원의 끄트머리에서 곰들이 어슬렁거리며 내려왔다. 불곰과 흑곰끼리의 다툼이 끝난 것이었다.

"우리가 뭐 좀 도와줄 건 없어?"

애니멀랜드 동물들은 종족 누구라도 자기편이 되어 주길 원했다.

"고마워. 우리 좀 도와줘."

독수리는 난데없이 등장해서 생색을 내는 곰들이 못마땅했지만 빨리 늑대와의 싸움을 끝내는 게 중요했다.

"늑대를 잡으면 숲속으로 와서 원숭이 잡는 것도 도와줘."

곰은 느릿느릿 대꾸했다.

"응, 알았어."

독수리는 애니멀랜드에서의 싸움보다는 원숭이를 혼내 주는 일이 더 중요했다. 하지만 넓은 시야가 확보된 초원과는 달리, 숲속의 나무 사이로 달아나는 원숭이를 잡는 건 쉽지 않았다. 원숭이는 요리조리 잽싸게 빠져나갔다.

"으으윽, 숲의 나무를 모조리 불태워 버릴까 보다!"

독수리는 점점 화가 더 솟구쳤다.

"숲에 불이라니! 큰일 날 소리."

"우…… 우리가 도와줄게."

숲속 마을의 판다가 독수리의 편을 적극 들어주겠다고 나섰다. 판다는 숲을 태우면 자신들의 터전을 잃는 게 가장 무서웠다. 게다가 평소 원숭이에게 좋지 않았던 감정을 가지고 있던 터였다.

독수리는 판다와의 협동 작전으로 원숭이를 한쪽 구석으로 몰아넣었다. 그런데 나무에서 떨어지던 원숭이의 꼬리를 잡아챈 건 놀랍게도 흑곰이었다.

"잡았다, 요 녀석!"

원숭이가 공중에 거꾸로 대롱대롱 매달린 채 외쳤다.

"캐애캑, 캑, 캑, 항복!"

원숭이가 항복을 외치는 순간, 독수리는 눈을 껌뻑껌뻑거렸다.

'아니…… 흑곰이 왜 벌써 숲으로 왔지?'

독수리의 의문에 답이라도 하듯이 흑곰이 느릿하게 말했다.

"늑대는 잡았어. 그래서 너희들을 도와주려고 왔지."

물론 도와 달라고 했다. 숲으로 와 달라고도 했다. 하지만 이렇게 빨리 숲으로 올진 몰랐다. 하필이면 다 잡다시피 한 원숭이의 꼬리를 잡아챈 게 흑곰이라니!

'곰이 이렇게 잽싼 녀석이었어?'

그동안 원숭이 잡으려고 얼마나 애를 썼는데 마지막에 나타난 흑곰이 공을 가로챘다. 게다가 흑곰은 그냥 넘어갈 생각이 없어 보였다.

"내가 늑대도 잡고 원숭이도 잡았네. 다들 인정하지? 나한테 고마워해야 돼."

누가 동물 연합 대표가 될까?

이렇게 해서 2차 전쟁이 끝났다.

다른 동물들은 모두 싸움이 완전히 끝났다는 것을 기뻐했지만 독수리는 마냥 기뻐할 수가 없었다.

'죽 쒀서 개…… 아니 곰 줬구나!'

동물들 사이에서는 유진이와 두더지가 주장하던 국제기구에 대한 이야기가 다시 주목받았다.

"그깟 국제 동물 연맹, 하나도 소용이 없었잖아."

"무슨 소리, 동물 연맹에 군대만 있어도 싸움은 일어나지 않았어."

"맞아, 이번에는 군대를 반드시 넣어야 해."

그렇게 해서 새로운 '국제 동물 연합'이 생겨났다. 유진이와 두더지가 동물들을 설득하러 돌아다닐 필요도 없었다. 초원의 모든 동물들은 '전쟁은 그만. 이제는 평화!'를 스스로 부르짖었다. 모두의 생각이 모였기 때문인지 동물 연합은 바로 만들어졌지만 대표는 쉽게 정할 수 없었다.

동물들은 서로 눈치를 보았다.

독수리는 어깨를 당당하게 폈다.

'흥, 내가 아니면 누가 대표가 되겠어? 우리 날짐승들이 있었기 때문에 이 싸움을 완전히 끝낼 수 있었지.'

곰도 음흉하게 웃었다.

유엔 총회와 사무총장

유엔 총회는 연 1회 9월 세 번째 화요일에 열려요. 가끔 특별한 안건이 있을 경우 특별 총회나 긴급 총회가 소집되기도 하지요. 총회는 국제 평화의 안전 유지와 전 인류의 인권 보장을 위한 일을 권고하고 안전 보장 이상회의 비상임 이사국을 선출해요. 총회는 주권 평등 원칙에 따라 1국 1표 주의에 의해 표결로 결정해요. 이러한 총회를 진행하고 각 사무국을 이끌어 가는 최고 관리자가 사무총장이에요. 유엔 사무총장은 어느 국가나 기구로부터 압력을 받지 않고 자유롭게 평화와 안전에 위협이 되는 사안들을 총회에 상정할 수 있어요. 또한 약 4만 명에 이르는 유엔 직원들의 인사권과 40억 달러의 예산을 집행할 권한도 가지고 있어 상당한 정치력을 발휘할 수 있지요. 사무총장은 임기 5년으로 연임할 수 있고, 보통 대륙별로 돌아가면서 뽑는 것이 관행이에요.

'늑대와 원숭이의 목덜미를 잡아챈 건 우리 곰들이었지. 움하하하.'

곰도 독수리도 모두 다른 동물들이 알아서 자신을 대표로 뽑아 줄 것이라고 생각했다. 동물들은 진땀이 났다. 곰을 대표로 밀었다가는 독수리에게 미운털이 박힐 테고, 독수리를 밀었다가는 곰에게 찍힐 게 분명했다. 유진이는 그런 동물들의 입장을 이해하면서도 한숨이 나왔다.

유진이가 앞으로 나섰다.

"국제 동물 연합의 대표는…… 숲속 마을의 노루가 좋겠습니다."

독수리와 곰이 발끈했다.

"뭐야!"

"말도 안 돼!"

갑자기 제 이름이 불린 노루도 놀라 움찔 뛰어올랐다.

"아니…… 내가 왜?"

유진이가 단호한 어조로 말했다.

"국제 동물 연합의 목적이 무엇입니까? 동물들 간의 평화 유지, 싸움 방지 아닙니까?"

"그건 그렇지."

"맞는 말이야."

눈치를 보던 동물들이 고개를 끄덕였다.

"그러니까 당연히 이번 전쟁의 후방에서 모든 동물의 동물권과 생명을 보호하기 위해 노력해 왔던 노루가 적절하다고 생각합니다. 여러분

이 만든 동물 연합의 목적을 잊지 않도록, 평화를 사랑하는 노루가 앞으로도 잘 이끌어 줄 거라 믿습니다."

유진이의 말에 반대할 명분이 없었다. 하지만 독수리와 곰 그리고 전통적으로 힘을 가졌던 사자의 표정은 좋지 않았다. 유진이는 자신을 노려보는 세 맹수의 눈초리에 목덜미가 서늘했다.

"또한 노루가 대표로서 모임을 잘 운영하실 수 있도록 안전 보장 이사회를 두어 독수리, 곰 그리고 사자 님을 모실까 합니다."

곰이 입을 비쭉이며 물었다.

"안전 보장 이사회? 그건 뭐냐?"

유진이의 호기심 노트

유엔 안전 보장 이사회

유엔에는 총회 말고도 임무에 따라 3개의 이사회가 있는데, 그중 '안전 보장 이사회'가 가장 중요한 기관이에요. 안전 보장 이사회는 유엔의 실질적인 최고 의사 결정 기구로서 국제 분쟁을 해결하기 위해 경제적 제재 외에 유엔군을 파견할 수도 있어요. 안전 보장 이사회는 15개국으로 구성되어 있는데, 그중 5개국은 상임 이사국으로서 미국·러시아·영국·프랑스·중국이에요. 다른 10개국은 총회의 2/3 다수결로 선출되고요. 안전 보장 이사회의 결정은 15개국 9개국 이상의 동의가 있어야 하는데, 5개 상임 이사국 모두의 동의가 있어야만 해요. 즉 5개 상임 이사국 중 어느 한 나라라도 반대하면 어떠한 결정도 내릴 수 없답니다. 이것을 실질적인 거부권이라고 해요.

"모든 문제는 국제 동물 연합 총회에서 1종족 1표로 결정하지만."

동물들이 만족스럽게 고개를 끄덕였다.

"중요 문제는 안전 보장 이사회의 허락을 받는 겁니다. 즉 안전 보장 이사회에서 한 분이라도 반대하면 안 됩니다. 이사회에 참여하는 동물들이 반드시, 모두 찬성해야 총회의 결정이 통과된다는 거죠."

회의장은 침묵에 휩싸였다. 곰도 사자도 그리고 독수리도 조용히 생각에 잠겼다.

'뭐야, 그러니까 내가 반대하면 반대, 찬성하면 찬성이라는 거네.'

'음, 완벽하게 내 맘대로 할 순 없어도, 적어도 내게 불리한 일은 적극 막을 수 있겠군.'

'다른 동물도 보기에도 그럴듯하고 체면은 서겠어.'

가장 먼저 끄덕인 것은 사자였다.

"좋아. 난 받아들이겠어."

그 뒤를 이어 독수리와 곰도 찬성했다.

"좋은 의견이야."

"역시 인간은 똑똑하군."

회의장에 모였던 모든 동물들도 안도의 숨을 몰아쉬고 박수를 쳤다. 유진이도 그제야 한숨을 돌렸다.

"휴, 다행이다."

 집으로 돌아갈 수 있는 유일한 방법

동물들은 회의장에서 일사불란하게 전쟁 뒷수습을 하기 시작했다. 싸움이 휩쓸고 간 초원과 숲속 마을은 처리해야 할 일들이 많았다.

유진이는 바쁘게 뛰어다니는 두더지를 쫓아다니며 물었다.

"나는 언제 보내 줄 거야? 내가 할 일은 다했잖아."

두더지는 기계적으로 대답했다.

"알았어, 알았다고. 이 일만 끝내고!"

불타 버린 땅과 집, 먹을 식량, 어미를 잃은 새끼들, 다친 동물들, 이 모든 일을 해결해야만 했다. 할 일이 산더미 같았다.

'아휴, 저 두더지 녀석, 날 돌려보낼 생각이 없는 거 아니야?'

유진이는 언제까지나 이 동물들의 세상에 갇혀 있을 수 없었다. 박람회 어두운 창고에 갇혀 있을 친구들을 생각하면 한시라도 빨리 돌아가야만 했다. 아무리 이 세상과 자신의 세상 시간이 다르다고 하지만 그 말만 믿고 기다릴 수는 없었다.

'두더지의 말만 믿을 순 없어. 방법을 찾아야만 해!'

하지만 뾰족한 방법이 없었다. 유진이는 일단 병원에서 다친 동물들을 보살피는 일을 거들었다. 처음에는 무엇이라도 열심히 해서 다른 동물들의 호의를 살 생각이었다. 하지만 일하다 보니 점점 동물들에 대한

애정이 생겨났다. 그런 유진이를 동물들도 흐뭇하게 바라보았다.

그때 병원 문이 벌컥 열리면서 황소가 들어왔다.

"유진아, 도와줘."

"무슨 일이에요?"

황소는 눈물을 뚝뚝 흘리며 말했다. 강 건너 사막에서부터 엄청난 수의 메뚜기 떼가 몰려오고 있다는 소식이었다. 한두 마리의 메뚜기는 대수롭지 않지만 수천, 수만 마리의 메뚜기가 지나간 자리에는 곡식은 물론이고 풀과 나무조차 남아나지 않는다고 했다.

"큰일이군요. 어서 국제 동물 연합에 연락해서 도움을 청해야지요."

옆에서 사자가 심드렁하게 대꾸했다.

"국제 동물 연합에서 평화 유지군 중 하나인 거위 부대를 파견할 거야. 걱정 마."

하지만 황소는 눈물을 멈추지 않았다.

"메뚜기 떼는 거위들이 막아 주겠지만…… 풀 한 포기조차 없는 황량한 들판에서…… 앞으로 우리는 뭘 먹고 살아야 해?"

황소의 말에 사자가 버벅거렸다.

"내…… 내년 봄이 되면 다시 풀이 돋아나잖아. 조금만 견디면 돼."

옆에서 그 말을 듣고 있던 양이 화를 버럭 냈다.

"조금만 견디라고? 봄이 되려면 6개월이나 더 견뎌야 하는데, 다음 봄까지 어떻게 버티라는 거야?"

사자도 소리를 질렀다.

"그럼 어쩌라고? 메뚜기를 잡아 주면 됐지, 너희들 먹고살 것까지 국제 동물 연합에서 책임을 져야 해?"

사자가 자리를 박차고 나가 버리자, 염소와 양, 토끼들이 황소 주위로 몰려왔다.

"육식 동물들은 메뚜기 떼가 얼마나 무서운 재앙인지 이해를 못 해."

"우리가 다 굶어 죽거나 힘이 없어서 비실비실 대기만을 기다리고 있는지도 모르지. 그래야 사냥하기 좋을 테니까."

"황소야, 울지 마. 우리 집에 있는 건초를 나눠 줄게."

"그래, 지난번에는 너희 황소들이 우리를 도와줬잖아."

유진이는 황소를 위로하는 초식 동물들을 바라보면서 말했다.

"그래요, 어려울 때 서로 도와주면 잘 이겨 낼 수 있을 거예요."

황소가 유진이를 불퉁하게 노려보았다.

"그런 소리 말고 뭔가 좀 더 구체적인 방법을 알려 줘."

유진이는 이번 일만 잘 해결하면 집으로 돌아갈 수 있을 거라고 생각했다.

"네, 제가 방법을 알려 드릴 테니 여러분도 저 좀 도와주세요."

우리나라를 빛낸 국제기구 전문가들

우리나라를 대표하여 국제 무대에서 많은 사람들이 활동하고 있어요. 그중에서도 국제기구의 지도자 위치에 올라 놀라운 성과와 열정을 보여 준 사람들도 있어요. 세계 사람들의 찬사와 존경을 받고 있지요.

세계 보건 기구 사무총장 이종욱 (2003년~2006년)

"전 인류가 아프지 말고 건강하게 살자."는 취지로 세워진 단체가 세계 보건 기구(WHO)예요. 우리나라 최초로 국제기구의 사무총장이 된 이종욱은 의사로서 한평생을 의료 봉사에 힘썼어요. 그는 사무총장이 된 이후 세계 유명 인사들이 질병 퇴치 사업을 적극 후원하도록 했어요. 덕분에 세계 보건 기구는 든든한 기반 위에서 다양한 질병 퇴치 사업을 할 수 있었어요. 에이즈, 결핵, 소아마비, 조류 인플루엔자 등을 퇴치하는 데 큰 공을 세웠죠. 돌아가신 이후 '인류를 질병에서 구한 작은 거인'이라는 칭송을 전 세계인들로부터 받고 있어요.

인터폴 총재 김종양 (2018년~2021년)

인터폴은 국제 형사 경찰 기구(International Criminal Police Organization, ICPO)로, 국제 범죄의 신속한 해결과 각국 경찰 기관의 발전 도모를 위한 기술 협력을 목적으로 1956년 설립되었어요. 현재 194개국이 가입했지요. 김종양 총재는 아시아에서 5번째이자, 한국 최초의 총재예요. 원래는 인터폴 아시아 대표 부총재로 임명되어 활동하고 있었는데, 2018년 비리 혐의로 구속된 중국 출신의 멍훙웨이를 대신하여 총재 권한 대행을 맡게 되었지요.

국제 형사 재판소 수장 송상현 (2009년~2015년)

국제 형사 재판소는 침략 전쟁, 집단 학살, 국제 범죄 등에서 발생한 국제 범죄자의 재판을 담당하는 국제 법원이에요. 요즘은 특히 전쟁이 끝난 뒤 독재자가 다시 권력을 잡을 수 없도록 사법 제도를 만드는 데 노력하고 있지요. 송상현 재판소장은 국제 사법 기관 중 가장 영향력이 큰 국제 형사 재판소의 수장을 맡았어요. 세계 평화를 위해 법과 정의를 지켜야 한다며 세계 무대에서 힘을 쏟았지요.

유엔 사무총장 반기문 (2007년~2016년)

유엔은 세계에서 가장 큰 국제기구로서 세계 각국의 이해관계가 복잡하게 얽혀 있는 곳이지요. 반기문 사무총장은 우리나라에서 외교관, 외교부 장관으로 일하다가 유엔 사무총장이 되었어요. 조용한 성품으로 성실하게 일하는 스타일 때문에 강한 리더십이 없다는 오해도 받았지만, 회원국의 만장일치로 연임에 성공했지요. 2008년 미얀마에 사이클론이 닥쳐 큰 재해가 발생했을 때 미얀마 군부는 세계의 구호 활동 제안을 거부했어요. 이때 그는 끈질기게 미얀마 군부를 설득하여 국제 사회의 원조와 지원을 받아들이게끔 했답니다.

토론왕 되기!

우리 의료진을 외국에 파견해야 할까?

전쟁이 끝난 후 세계 곳곳에서 전염병이 퍼졌어요. 많은 동물들이 병에 걸려 쓰러지자 세계 동물 보건 기구에서 함께 전염병을 막자며 의료진 파견을 요청해 왔어요.

 지금 세계 동물들의 건강이 매우 위험한 상태입니다.
우수한 의료 인력을 가진 노루 씨의 도움이 필요합니다.
의료진을 파견해 주세요.

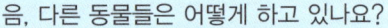 음, 다른 동물들은 어떻게 하고 있나요?

 이번 전염병 확산을 막기 위해 토끼네는 열심히 백신을 만들고 있고, 늑대와 독수리는 그 비용을 대고 있습니다. 또한 곰들은 동물들 간의 왕래를 막기 위해 경비병을 파견해 주었습니다만.

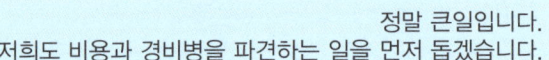 정말 큰일입니다.
저희도 비용과 경비병을 파견하는 일을 먼저 돕겠습니다.

 사실 가장 절실한 도움은 우수한 의료진 파견입니다.

저희도 도와 드리고는 싶지만 노루 영역에서도
전염병 확산을 완전히 막은 게 아닙니다.
의료진을 파견할 여유가 아직은 없습니다.

하지만 그 어떤 동물보다 전염병 확산을 차단하는 데 성공하셨죠.
그 기술을 세계 모든 동물들과 공유해 주시길 부탁드립니다.

예, 저희의 발 빠른 대처로 전염병 확산을 억제하긴 했지만,
그렇게 하느라 의료진들이 현재 너무 지쳐 있습니다.
쉬지도 못하고 다시 동물들 영역으로 나가 일을 하라는 것은
조금 무리이지요. 게다가 의료진들이 빠져나간 사이
다시 전염병이 돌면 저희는 어떻게 하라는 겁니까?

하지만 전염병이라는 것이 한쪽에서 막았다고 해서
사라지는 게 아니지 않습니까?
전체를 막지 못하면 언제든 다시 시작할 수 있습니다.
노루의 영역이 안전해지기 위해서라도
저희 세계 동물 보건 기구와 함께하는 활동에 도움을 주십시오.

하지만 모든 의료진을 파견할 수는 없습니다.
먼저 마스크와 소독제 같은 의료 기구부터 지원하고
의료진도 점차 파견하겠습니다.

네, 그렇게 해 주신다면 마스크와 소독제를 실어 나를 수 있도록
다른 국제기구에 협력을 요청하겠습니다.
또 지원을 받은 다른 단체에서도 사태가 수습되는 대로
노루 나라에 혜택을 주고 싶다고 하더군요.

아무튼 이번 위기를 다 함께 잘 넘어가 봅시다.

노루는 자신들의 어려운 상황에서도 국제 사회의 도움을 거절하지 않고 의료진을 파견했어요. 만약 여러분이라면 내 문제가 절실할 때 도와 달라는 요청을 받아들일 수 있을 것 같나요?

O, X 퀴즈

다음은 유엔(국제 연합)에 관한 설명이에요.
잘 읽어 보고 맞으면 O, 틀리면 X를 하세요.

1 국제 연합은 제1차 세계 대전 당시 붕괴된 국제 연맹의 뒤를 이어 새롭게 만들어진 국제기구이다. ( )

2 국제 연합에서 사용하는 공용어는 영어와 프랑스어이다. ( )

3 국제 연합의 총회를 진행하고 각 사무국을 이끌어 가는 최고 관리자는 사무총장이다. ( )

4 안전 보장 이사회는 국제 연합의 실질적인 최고 의사 결정 기구로서 국제 분쟁을 해결하기 위해 유엔군을 파견할 수도 있다. ( )

5 안전 보장 이사회는 상임 이사국 10개국과 비상임 이사국 5개국으로 구성되어 있다. ( )

정답: ①X, ②O, ③O, ④O, ⑤X

초식 동물 연합

 초식 동물 연합 만들기

초식 동물들은 '초식 동물 연합'을 만들었다. 가입 조건은 반드시 초식 동물이어야만 하고 초식 동물의 이익을 위해서 움직이는 것이 모임의 목적이었다. 처음에는 육식 동물들의 반대 목소리가 있었다. 국제 동물 연합이 있는데 왜 또 다른 모임을 만드냐는 것이었다.

"그런 모임을 만들어서 어쩌겠다는 거야?"

"솔직히 국제 동물 연합은 힘센 동물들의 목소리만 크잖아."

"지금은 비상사태야. 우리 초식 동물들도 스스로를 지키기 위한 모임이 필요해."

다른 동물들이 반대한다고 해서 못 만들 이유는 없었다. 따지고 보면 독수리가 은근히 대장 노릇을 하는 것도 독수리와 함께하는 날짐승들 모임이 있기 때문이었다.

"날짐승 모임은 되고 초식 동물 연합은 왜 안 돼?"

"누…… 가 안 된대? 그래, 초식 동물 연합 만들어!"

이렇게 해서 급하게 만들어진 초식 동물 연합이었지만 그 영향력은 놀라웠다.

거위 부대가 메뚜기 떼를 다 잡아먹고 난 후에, 초식 동물 연합에 가입한 동물들은 국제 동물 연합 안에서 뜻밖의 제안을 했다. 초식 동물들은 비록 힘은 약했지만 육식 동물들보다 수가 훨씬 많아서인지 국제 동물 연합 안에서도 제법 큰 목소리로 의견을 낼 수 있었다.

"메뚜기 떼를 없앤 거위 부대에게 감사하다는 말을 하고 싶어. 우리 초식 동물들은 국제 동물 연합 덕분에 살 수 있었어. 하지만 이왕 도와준 거 조금 더 힘을 보태 줘. 진정 우리를 생각한다면 말린 풀을 살 수 있는 돈을 빌려주면 좋겠어."

다른 동물들은 어이없다는 반응을 보였다.

"국제 동물 연합이 은행이야? 돈은 은행에 가서 빌려야지!"

"하지만 이런 일에 은행이 쉽게 돈을 빌려주겠어? 돈을 갚을 동물이 죽으면 돈을 받지 못할 테니…… 은행으로서는 걱정스러울 거야. 그래서 모두가 조금씩 돈을 모아 기금을 만들어서 비상사태에 쓸 수 있는 재단을 만들었으면 좋겠어."

초식 동물을 제외한 다른 동물들은 못마땅했다.

"초식 동물만을 위해 국제 동물 연합의 돈을 지출할 수 없어."

"그러니까 새로운 국제 재난 기금 같은 걸 만들자."

"국제 재난 기금? 그건 뭔데?"

"초식 동물들에게만 메뚜기 떼와 같은 재난이 닥치는 건 아니잖아. 내년에는 육식 동물들에게만 전파되는 전염병이 돌지 누가 알겠어?"

국제 동물 연합의 회장인 노루가 고개를 끄덕이며 물었다.

"그때는 피해를 본 육식 동물을 도와준다?"

"그렇지. 누구든 어려움이 닥치면 경제적으로 지원해 주는 기금을 만들자는 거지."

국제 동물 연합에 모인 동물들이 고개를 끄덕였다. 그다음부터는 국제 동물 연합의 산하 기구들을 만드는 일들이 빠르게 진행되었다. 사실 국제기구가 해야 할 일이 너무 많았다.

그래서 국제 동물 연합에만 맡겨 두기에는 어려운 부분의 일들이 독립적으로 분리되었다. 전문성과 효율성을 기반으로 각 단체들이 만들어졌다. 동물들은 종족 간에 구분과 차별이 없는 단체들이 만들어졌다는 사실에 스스로가 놀라는 눈치였다.

예전에는 사자들은 사자들만, 더 나아가 육식 동물 모임과 초식 동

유진이의 호기심 노트

국제 통화 기금(IMF)

제2차 세계 대전 이후 나라 간 거래가 많아졌어요. 그런데 각 나라마다 돈의 가치가 달라서 금융 위기가 자주 발생했어요. 물건을 수입하고 수출할 때는 대부분 달러를 기준으로 가격을 정해요. 그런데 1달러는 1200원이 되었다가 1800원이 되기도 해요. 평상시 1200원으로 지불하던 물건이 갑자기 1800원이 되면 어떻게 될까요? 이때 저축해 놓은 돈(달러)이 없다면 빌려와야겠지요? 그 돈을 빌려주는 곳이 바로 국제 통화 기금(IMF)입니다.

경제가 발전하면 수입과 수출이 많아져요. 수입과 수출에 문제가 생기지 않으려면 무엇보다도 금융이 안정되어야 해요. 우리나라도 1997년에 갑자기 경기가 나빠져서 국제 통화 기금에서 돈을 빌려왔어요. 물론 빌린 돈은 2001년에 다 갚았지요. 국제 통화 기금은 이러한 국제 금융의 안정뿐 아니라 국제 부흥 개발 은행(IBRD)과 함께 가난한 나라를 도와주기 위해 수십 억 달러의 공동 대출 자금을 새롭게 조성해 운영하기도 해요.

물 모임처럼 먹는 종류에 따라 모이거나 포유류는 포유류, 파충류는 파충류 등 각기 특성을 가진 동물들이 모인 단체가 다였다. 하지만 이제 '종족 없는 의사회'처럼 다친 동물들을 치료하고자 하는 전문 직업별 모임이 생겨났고, 또 '어디나 깨끗한 세상'처럼 거리를 청소하는 자원봉사 단체들도 생겨났다. 이처럼 종족을 뛰어넘는 기구들이 동물 전체를 위해 만들어졌다.

이제는 유진이가 나서지 않아도 알아서 동물 규칙을 만들어 나갔다.

이제 집으로 돌아갈 시간

유진이는 초식 동물 연합을 찾아가 말했다.

"황소 님, 이제 저를 도와주겠다는 약속을 지켜 주세요."

초식 동물들은 자신들이 한 약속을 잊지 않았다. 황소는 국제 동물 연합에 정식으로 의견을 냈다.

"우리 애니멀랜드에 많은 도움을 주었던 유진 님이 집으로 돌아갈 수 있도록 도와줘야 할 때가 온 것 같군요."

다른 동물들은 선뜻 그러겠다고 나서지 않았다. 앞으로 또 어떤 일이 일어날지 모르기 때문에 유진이가 떠나는 걸 원하지 않았다. 유진이로서는 속이 터질 일이었다. 그러나 초식 동물들이 약속했으면 지켜야 한다면서 계속 여론을 만들어 갔다.

그런 여론의 압박 속에서 두더지도 우물쭈물거렸다.

"나도 약속을 지키고 싶어. 하지만 아직 모든 문제가 다 해결된 건 아니잖아."

유진이는 화가 났지만 겁을 내는 두더지의 마음이 한편으로는 이해가 되었다. 유진이는 차분하게 두더지를 설득했다.

"국제기구를 만들자는 내 의견이 도움이 되긴 했어?"

두더지는 환하게 웃으며 말했다.

"당연하지. 네 의견이 아니었으면 지금까지도 계속 싸우고 있을걸."

"하지만 국제 연맹을 만들었는데도 큰 싸움이 터졌잖아."

"그건 동물들이 욕심이 많아서 그래."

"그럼에도 동물들은 스스로 싸움을 끝냈잖아. 그리고 국제 연맹의 부족한 점을 보완하여 국제 연합을 만들었고."

"그건 그렇지."

유진이는 두더지의 머리를 쓰다듬어 주었다.

"난 그게 내 덕분이라고 생각하지 않아. 너희들은 너희 문제를 스스로 해결해 나가기 시작했어. 앞으로도 생각지도 못한 여러 문제가 발생하겠지. 가령 메뚜기 떼의 습격처럼 말이야."

유진이는 앞으로 또 어떤 문제가 생겨날 것인지 생각해 보았지만, 미

세계 보건 기구(WHO)

전 세계를 둘러보면 아픈 데도 치료를 받지 못한 사람들이 참 많아요. 가난한 나라일수록 전염병에 걸릴 확률도 높고요. 또한 환경이 오염될수록 병에 쉽게 걸리지요. 세계 보건 기구는 이러한 문제를 해결하기 위해 1948년에 만들어진 유엔 산하 기구예요. 국제 보건 의료 사업을 이끌고, 지원해 준답니다. 코로나19 같은 전염병 예방도 책임지고 국제 간 협력도 이끌어 내지요.

래 일은 알 수가 없었다.

"앞으로도 잘해 나갈 수 있을 거야. 어느 세상이나 정답은 없어. 이 방법이 좋을까 저 방법이 좋을까 서로 머리를 맞대고 해결책을 찾아보는 수밖에. 그러기 위해서는 이왕이면 서로 싸우는 것보다 도와주면서 평소에 신뢰를 쌓아야 해."

두더지가 고개를 끄덕였다. 유진이는 말을 이어 갔다.

"결국 너희들 세상이잖아. 인간인 내가 할 일은 없어. 그러니 이제는 날 돌려보내 줘."

"그러고 보니 예전에는 다른 동물들의 문제는 그들만의 문제일 뿐이라고 생각했어. 하지만 초식 동물들이 다 굶어 죽으면 결국 육식 동물들도 살 수 없어. 그걸 이제는 모두가 깨달았지. 그래서 거위 부대들이 빨리 출동해서 메뚜기 떼를 잡은 거야."

두더지는 잠시 뚫어져라 유진이를 보았다. 그리고 결심한 듯 말했다.

"고마웠어. 그리고 네 의견을 묻지도 않고 데려온 건 정말 잘못했다고 생각해. 미안해."

"맞아. 네가 사정을 잘 설명해 주었다면…… 어쩌면 나는 기꺼이 널

따라 여기로 왔을지도 몰라."

"이제야 그걸 배웠어. 어려움이 생기면 솔직하게 말하고 도움을 청할게."

두더지가 유진의 손을 잡았다.

"안녕, 내 친구. 잘 가."

"어…… 어…… 어?"

유진이는 제대로 대꾸도 못 했다. 애니멀랜드로 올 때처럼 어디론가 몸이 빨려 들어가는 느낌에 머리가 어지러웠다.

잠시 후 눈을 떠 보니 박람회 행사장 바깥 복도였다.

"뭐야? 작별 인사도 제대로 못 했네."

유진이는 멍하니 텅 빈 복도를 바라보았다. 제멋대로 애니멀랜드로 자신을 데려간 두더지가 너무 얄미웠지만 솔직히 자기 잘못을 고백하고 용서를 구할 줄은 생각도 못했다.

'나쁘기만 한 녀석은 아니었군. 그렇다고 해서 잘못이 없어지는 건 아니지만…….'

"유진아, 뭐 해? 너도 하나 살 거지?"

현지였다. 유진이가 돌아보니 현지가 작은 동물 인형을 든 채 종이를 내밀었다. 현지뿐 아니라 친구들 모두 손에 하나씩 인형을 들고 있었다. 현지가 내민 종이는 '아프리카 아이들의 예방 접종을 위한 기금 모음' 팸플릿이었다. 기금을 낸 사람에게는 동물 인형을 하나씩 나눠 주고 있었다. 두더지의 말대로 인간 세계는 애니멀랜드와 달리 거의 시간이 흐르지 않은 상태였다.

"인형 나눠 준다는 게 결국 유니세프 인형 사라는 거였어?"

어처구니가 없었지만 유진이도 빙긋 웃으며 가지고 있던 지갑을 열었다. 모두가 더불어 잘 살 수 있는 세상을 위해 무언가 할 수 있다는 게 좋았다.

그리고 이제는 즐거운 추억과 함께 집에 돌아갈 시간이었다.

국제기구에서 일하고 싶다면?

요즘은 많은 사람들이 국제기구에서 일하고 싶어 해요. 전 세계의 다양한 사람들과 교류하면서 인류를 위해 일한다는 자부심도 가질 수 있으니까요. 다양한 국제기구만큼이나 다양한 전문 분야에서 활동한답니다.
국제기구의 정식 직원이 되려면 먼저 갖추어야 할 조건들이 있어요.

언어 능력
영어와 더불어 제2 외국어로는 프랑스어나 스페인어 추천!

세계 각국의 사람들과 함께 일하려면 영어 실력은 필수겠지요. 제2 외국어로는 프랑스어나 스페인어를 익힌다면 일하는 데 큰 도움이 된다고 합니다.
물론 외국어 능력이 모국어 수준으로 유창할 필요는 없어요.
기본적인 의사소통과 자신이 맡은 바 일을 처리하고 문서를 작성하는 데 어렵지 않을 정도의 언어 능력이 필요해요.

전문성
국제적인 감각과 경험을 갖추는 건 필수!

내가 일하고 싶은 국제기구의 전문적 분야에 해당되는 석사 이상의 학벌이 필요해요. 또한 국제기구에서는 관련 업무에서 보통 5년 이상의 경력을 가져야만 전문성을 인정해요. 우리나라에서는 국제기구에서 일하는 전문가를 양성하기 위해 JPO(Junior Professional Officer, 국제기구 초급 전문가 전형)라는 제도를 운영하고 있답니다. JPO는 국제기구에서 일하고 싶어 하는 사람을 뽑아 정부가 경비를 부담하여 일정 기간(2년) 동안 유엔이나 국제기구에 수습 직원으로 파견하지요. 국제기구의 실제 근무를 통해 관련 업무를 배울 수 있도록 돕는 제도랍니다.

튼튼한 몸과 뜨거운 열정
국제기구에서 일한다는 건 쉬운 일이 아니에요. 내가 왜 국제기구에서 일하고 싶어 하는지 스스로에게 당당히 말할 수 있는 소명 의식(현실적·이념적·윤리적 명령이나 이상(理想)을 반드시 수행해야 한다는 의식)이 있어야 해요. 먼저 국제기구에서 활동하는 단체의 자원봉사자로 참여해 보는 것도 좋은 방법이에요.

또한 국제기구에서 정직원으로 일하기 전에 '인턴'을 경험해 볼 수 있어요. 많은 국제기구가 '무급'으로 인턴십 프로그램을 운영하고 있어요. 국제기구에서는 비록 급여를 받을 수 없지만, 우리나라 정부에서 운영하는 인터십 파견 사업을 통해 지원한다면 경비를 도움 받을 수 있어요.

국제기구와 관련된 취업 정보는 아래 웹 사이트에서 자세히 살펴볼 수 있어요.

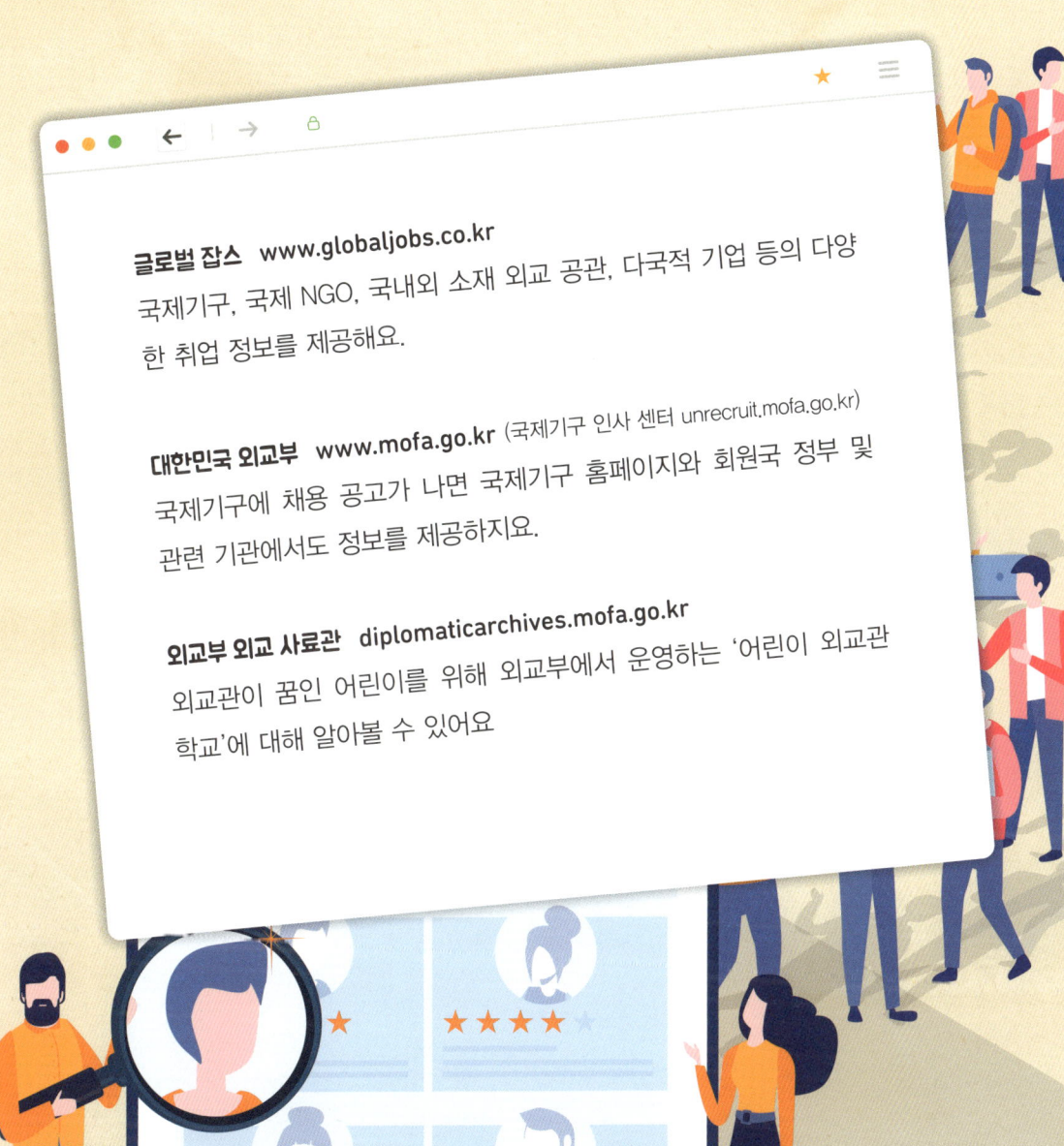

글로벌 잡스 www.globaljobs.co.kr
국제기구, 국제 NGO, 국내외 소재 외교 공관, 다국적 기업 등의 다양한 취업 정보를 제공해요.

대한민국 외교부 www.mofa.go.kr (국제기구 인사 센터 unrecruit.mofa.go.kr)
국제기구에 채용 공고가 나면 국제기구 홈페이지와 회원국 정부 및 관련 기관에서도 정보를 제공하지요.

외교부 외교 사료관 diplomaticarchives.mofa.go.kr
외교관이 꿈인 어린이를 위해 외교부에서 운영하는 '어린이 외교관 학교'에 대해 알아볼 수 있어요

세계 평화, 어떻게 지킬까?

세계 각국의 동물들이 모여 평화를 지키는 방법에 대해 의논하고 있어요. 이때 양이 나서서 국제 연합 교육 과학 문화 기구(유네스코)를 세우자고 주장했어요. 이런 국제기구가 세계 평화를 지키는 데 도움이 될까요?

 세계 평화를 지키는 데 뜬금없이 교육과 과학, 문화 같은 것이 무슨 역할을 한다는 거죠? 국제 동물 연합에서 안전 유지를 위해 노력하고 있는데 왜 국제기구를 또 만든다는 건지…….

 우리가 왜 싸우죠? 서로 친하지 않으니까 그렇지요. 서로 친해지기 위해서는 서로 이해해야 합니다. 서로를 이해하고 친해진다면 내게 조금 불이익이 있어도 참을 수 있고 견딜 수 있어요.

 상대방을 이해하는 데에 교육, 과학, 문화가 필요하다는 겁니까?

 네, 그렇습니다. 정치를 제외한 과학과 문화 등의 분야에서는 서로 협력하는 게 쉽습니다. 불필요한 오해도 줄일 수 있습니다.

 불필요한 오해라는 건 무슨 뜻입니까?

 우리가 평화로운 국제 관계를 향해 나아가야 하지만, 서로의 차이점이나 영역은 또 인정해 주어야 합니다. 우리 모두가 소중하게 생각하는 가치를 지키려면 서로 규칙을 만들어야 하는데, 사실 정치나 군사적인 문제는 너희들이 왜 참견하느냐는 등 저항이 만만치 않습니다.

그건 그렇지요.

하지만 우수한 문화유산을 보존하기 위한 규칙들은 잘 지킵니다.
이런 규칙을 잘 지켜 나가다 보면, 정치나 군사적인 분야에서도
약속을 잘 지키지 않겠습니까? 또한 교육을 통해
서로의 문화를 배워 나갈 수도 있고요.

 교육, 과학, 문화 여러 분야에서 나라 간 협력을 시작하는 것도 좋지만,
사실 가장 단합이 잘되는 건 스포츠 아니겠습니까?
친선 경기를 통해 서로 왕래부터 하는 게 더 낫지 않을까요?

그것 참 좋은 의견입니다.
그럼 국제 동물 스포츠 연맹도 이번에 설립을 추진해 볼까요?

 일하는 동물들의 노동 조건을 개선하기 위한
노동 기구를 만드는 건 어떨까요?

그런 것은 각 나라에서 알아서 하면 될 일 아닙니까?
그걸 굳이 국제기구까지 만들 필요가 있습니까?

 어디 양이 양의 영역에서만 일합니까?
저희 뱀 영역에서 일하는 양도 있고, 노루도 있습니다.
서로 교류가 많다 보니, 더 나은 일자리를 찾아가기도 하지요.
하지만 일하는 장소에 따라 대우가 다릅니다. 같은 일을 한다면
같은 조건에서 일하고 보수도 공평하게 받는 게 정당하지 않습니까?

생각해 보니 국제기구가 할 일이 많군요.

여러분이 생각하는 국제기구의 역할에 대해 친구들과 토론해 봐요.

O, X 퀴즈

국제기구에 대한 다음 설명을 읽고, 맞는 내용이면 O, 틀린 내용이면 X로 표시해 보세요.

1 국제 통화 기금은 어려운 상황에 놓인 나라에 금전적인 도움을 주는 단체로, 갚지 않아도 된다.

2 우리나라는 국제 통화 기금의 도움을 받은 적이 있다.

3 유네스코는 세계 교육, 과학, 문화 발전에 도움이 되는 이들에게 매년 상금을 준다.

4 세계 보건 기구는 전 세계의 질병, 건강과 관련된 업무를 하는 기구이다.

5 유네스코가 만들어진 이유는 세계 각국이 정치적인 관계 없이 서로의 문화를 이해하며 진정한 세계화를 이루는 데 목적이 있다.

정답: ①X, ②O, ③X, ④O, ⑤O

관습법 사회생활에서 습관이나 관행이 굳어져서 법의 효력을 갖게 된 것이에요. 관습과 관습법이 약간 다른데, 오랜 시간 굳어진 규칙이라는 점은 같지만 관습은 법적 규범으로서 승인된 정도에 이르지 않은 것을 말해요.

기금 어떤 목적이나 사업, 행사 따위에 쓸 기본적인 자금. 또는 기초가 되는 자금을 말해요.

박람회 박람회는 한 나라 또는 지역의 문화나 산업 등을 소개하기 위하여 그에 관련된 각종 사물이나 상품을 진열해 놓은 곳을 말해요. 박람회가 고객을 위한 제품, 서비스 진열, 전시 중심이라면, 페어는 진열보다는 판매 중심이라 현장에서 다양한 물건을 판매하는 데 목적이 있지요.

소련 소비에트 연방의 줄임말이에요. 세계 최초의 공산주의 국가로 1922년 건국되었으며 1991년 해체되었어요. 15개 나라가 묶인 연방 국가여서 지구 육지의 1/6에 해당되는 세계에서 가장 넓은 영토를 가진 나라이기도 했지요. 현재는 소련에 속했던 국가들은 각각 독립국으로 바뀌었고 그중 가장 큰 러시아가 소련의 권리와 의무를 이어받았어요.

연맹 공동의 목적을 가진 단체나 국가가 서로 돕고 행동을 함께할 것을 약속하는 것, 또는 그런 조직체를 말해요.

연합 두 가지 이상의 사물이 서로 합동하여 하나의 조직체를 만드는 것, 또는 그렇게 만든 조직체를 말해요.

조약 국가 간의 권리와 의무를 국가 간의 합의에 따라 법적 구속을 받도록 규정하는 행위를 말해요.

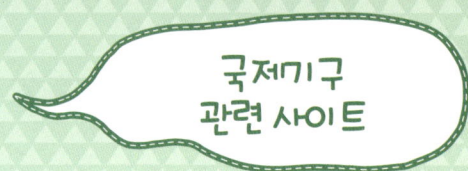

국제기구 관련 사이트

외교부 국제기구 인사 센터 unrecruit.mofa.go.kr
국제기구에서 제공하는 직원 모집 공고, 젊은 전문가 프로그램 등 국제기구 진출 관련 정보를 수시 입수해 상기 채용 정보를 제공해요. 젊은 인재들로 하여금 교육, 개발, 인도주의, 인권, 젠더 등 다양한 분야의 유엔 현장에서 1~2년간 UNV 봉사 단원으로 근무할 수 있도록 하는 프로그램도 진행한답니다.

서울 NPO 지원 센터 snpo.kr
NPO는 이익을 추구하지 않고, 준공공 및 민간 조직(자선 단체, 노조)에 의해 만들어지는 단체를 말해요. 공익 활동의 경험과 자원을 공유하고, 정보와 콘텐츠를 체계적으로 개발, 구축하며 시민 공익 활동 사업을 지원하고 활동가들의 역량 강화를 지원하는 곳이에요.

신나는 토론을 위한 맞춤 가이드

유진이의 애니멀랜드 모험을 통해 국제기구의 종류와 역할을 이해했나요? 이제 국제기구에 대해 자신 있게 말할 수 있을 거예요. 그 전에 마지막 단계인 토론을 잊지 마세요. 토론을 잘하려면 올바른 지식과 다양한 정보가 뒷받침되어야 해요. 책을 다 읽고 친구 또는 부모님과 신나게 토론해 봐요!

잠깐! 토론과 토의는 뭐가 다르지?

토론과 토의는 모두 어떤 문제를 해결하기 위해 의견을 나누는 일입니다. 하지만 주제와 형식이 조금씩 달라요. 토의는 여러 사람의 다양한 의견을 한데 모아 협동하는 일이, 토론은 논리적인 근거로 상대방을 설득하는 일이 중요합니다. 토의는 누군가를 설득하거나 이겨야 하는 것이 아니기 때문에 서로 협력해서 생각의 폭을 넓히고 좋은 결정을 내릴 때 필요해요. 반면 토론은 한 문제를 놓고 찬성과 반대로 나뉘어 서로 대립하는 과정을 거치지요. 넓은 의미에서 토론은 토의까지 포함하는 경우가 많습니다. 토론과 토의 모두 논리적으로 생각 체계를 세우고, 사고력과 창의성을 높이는 데 도움을 준답니다.

토론의 올바른 자세

말하는 사람
1. 자신의 말이 잘 전달되도록 또박또박 말해요.
2. 바닥이나 책상을 보지 말고 앞을 보고 말해요.
3. 상대방이 자신의 주장과 달라도 존중해 주어요.
4. 주어진 시간에만 말을 해요.
5. 할 말을 미리 간단히 적어 두면 좋아요.

듣는 사람
1. 상대방에게 집중하면서 어떤 말을 하는지 열심히 들어요.
2. 비스듬히 앉지 말고 단정한 자세를 해요.
3. 상대방이 말하는 중간에 끼어들지 않아요.
4. 다른 사람과 떠들거나 딴짓을 하지 않아요.
5. 상대방의 말을 적으며 자기 생각과 비교해 봐요.

체계적으로 생각하기

국제 연합 헌장에는 어떤 내용이 담겨 있을까요?

'국제 연합 헌장'은 국제 연합의 헌법처럼 국제 연합(UN)의 기초가 되는 조약을 말해요. 국제 연합 헌장의 첫 부분을 보면 연합국들이 왜 국제 연합을 만들었는지, 앞으로 어떠한 일을 하겠다는 것인지에 대해 설명해 주고 있어요. 아래 글은 국제 연합의 헌장을 쉽게 풀어 쓴 글이에요. 잘 읽어 보고 물음에 답해 보세요.

우리 연합국 국민들은 두 번이나 말할 수 없는 큰 슬픔을 가져온 전쟁을 겪었다. 우리의 아이들은 전쟁이라는 불행을 겪지 않도록 기본적 인권, 인간의 존엄 및 가치, 남녀 및 큰 나라 작은 나라 상관없이 평등하다는 신념을 재확인한다.

정의와 조약 및 기타 국제법을 통해 발생하는 의무가 계속 존중되고 지켜지도록 하며, 더 많은 자유 속에서 사회적 진보와 생활 수준의 향상의 촉진을 결의하였다. 그리고 이러한 목적을 위하여 관용을 실천하고 선량한 이웃으로서 상호간 평화롭게 같이 생활하며, 국제 평화와 안전을 유지하기 위하여 우리들의 힘을 합하며, 공동 이익을 위한 경우 이외에는 무력을 사용하지 아니한다.

이러한 목적을 달성하기 위하여 우리 각자의 정부는 이 국제 연합 헌장에 동의하고, 국제 연합이라는 국제기구를 설립한다.

1. 국제 연합은 1945년에 설립되었어요. 국제 연합 헌장에 나오는 '두 번이나 말할 수 없는 큰 슬픔을 가져온 전쟁'은 어떤 전쟁을 말하는 걸까요?

2. 빈칸에 알맞은 말을 써넣으세요.

[　　　　　　　　　　]을 유지하기 위해 우리들의 힘을 합하며, 공동 이익을 위한 경우가 아니고서는 무력을 사용하지 않을 것이다. 이런 목적을 위해 [　　　　　　　]을 설립한다.

논리적으로 말하기 1

유엔 안전 보장 이사회(안보리)에서 북한에 경제적 제재를 가하는 이유는 무엇일까요?

최근 뉴스를 보면 북한에서 미사일을 쏘거나 핵 실험을 했다는 소식을 종종 들을 수 있어요. 북한의 이러한 도발 행동에 대해 유엔에서는 다음과 같은 제재를 가하고 있지요. 잘 읽어 보고 여러분의 생각을 말해 보세요.

안보리 대북 제재 결의 2397호 주요 내용

▶ **유류 공급 제한**

- **정유 제품**
  연간 200만 배럴에서 50만 배럴로 감축
  – 당초 공급량 450만 배럴 기준으로 환산 시 90% 가량 차단

- **원유**
  원유 공급 상한선 연간 400만 배럴로 명시
  – 현 원유 공급량 동결

- 유엔 회원국의 대북 원유 공급량 보고 의무화

- 북한의 추가 도발 시 사실상 유류 제한 강화 명문화

▶ **북한 해외 노동자 송환**
   해외 파견된 북한 노동자들 24개월 이내 송환
   – 40여 개국에 5만~10만 명을 파견 중인 것으로 추정

▶ **산업 기계, 운송 수단, 철강 등 각종 금속류의 대북 수출 차단**

▶ **북한의 수출 금지 품목 확대**
   식용품, 농산물, 기계류, 전자 기기, 토석류, 목재류, 선박 등으로 확대

▶ **'조업권 거래 금지' 명문화**

▶ **해상 검색, 차단 강화**
   제재 위반이 의심되는 입항 선박의 동결, 억류 의무화

▶ **북한 인사 16명, 단체 1곳 제재 명단에 추가**

1. 안전 보장 이사회는 세계 평화 유지를 위해 활동하는 국제 연합(유엔)의 최고 의사 결정 기구입니다. 이러한 유엔의 안보리에서 북한에 대해 경제적 제재를 결의한 이유는 무엇 때문인가요?

2. 안보리에서 결정한 구체적인 대북 경제적 제재는 무엇일까요?

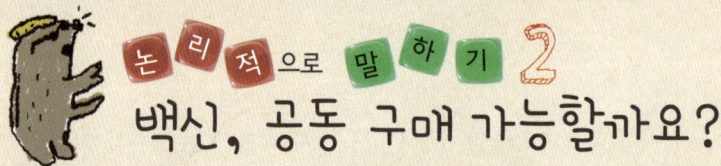

백신, 공동 구매 가능할까요?

최근 신종 코로나바이러스 감염증(코로나19)으로 인하여 전 세계가 큰 충격에 빠졌어요. 어느 한 개인이나 한 국가의 문제를 넘어서, 전 세계가 협력하여 이 위기를 극복하고자 해요. 또한 전염병 예방과 차단에 많은 노력을 해 왔던 세계 보건 기구(WHO)의 역할과 요구가 커지고 있어요. 아래 글을 읽어 보고 여러분의 생각을 논리적으로 말해 보세요.

바이러스 대유행 이후 주요 선진국들은 이미 제약 회사와 개별적으로 입도 선매 계약을 체결했다. 세계 보건 기구는 몇 년 이내에 인구 대부분이 백신 접종을 받을 것으로 전망하고 있다. 다만 계약을 체결한 선진국들과 달리, 백신을 구입할 능력이 없는 가난한 나라는 저렴한 백신이 나올 때까지 순서를 기다려야만 한다.

세계 보건 기구는 백신 배분을 위한 다자 협력과 연대의 정신을 강조해 왔으며 백신은 인류 공공재라는 인식하에 세계 여러 나라가 백신을 공동으로 구입하고 균등하게 배분하는 '백신 공동 구매 프로젝트'(COVAX Facility)를 운영했다.

그러나 선진국의 사재기 열풍과 제약 회사의 이윤 문제 등으로 인해 이 프로젝트는 유명무실해졌다.

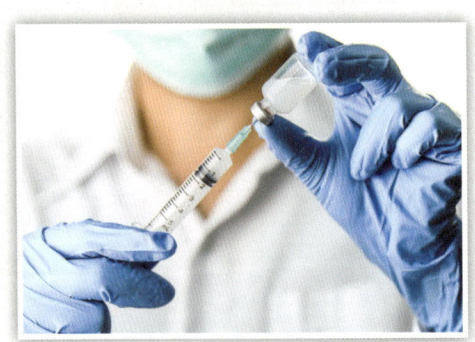

1. 질병에 대한 치료제 개발에는 많은 단계와 시간을 필요로 합니다.

> 치료제 발견 → 백신 개발 완료 → 동물 실험 → 사람 대상 임상 시험 → 안정성 승인과 허가 → 임상 현장에서 사용

치료제 개발에 성공하면 선진국에 우선 공급하겠다는 발표에 대해 사람들이 비난한 이유는 무엇일까요? 제약 회사의 입장과 비난하는 사람들의 입장에 대해 각각 말해 보세요.

제약 회사 입장:

일반 사람들 입장:

2. 세계 보건 기구에서 '백신 공동 구매 프로젝트'를 운영한 이유는 무엇일까요?

이런 국제기구를 만들고 싶어요!

세상에는 많은 국제기구들이 있지만 해야 할 일들도 여전히 많아요. 만약 여러분이 국제기구를 만든다면, 어떤 일을 하는 일은 국제기구를 만들고 싶나요? 세상에 꼭 필요한 어린이 여러분만의 창의적 국제기구를 생각해 보세요.

국제기구 이름:

국제기구의 활동 목표:

국제기구의 회원 자격:

국제기구의 상징:

예시 답안

국제 연합 헌장에는 어떤 내용이 담겨 있을까요?

1. 제1차 세계 대전과 제2차 세계 대전
2. 국제 평화와 안전, 국제 연합

유엔 안전 보장 이사회(안보리)에서 북한에 경제적 제재를 가하는 이유는 무엇일까요?

1. 최근 북한에서 계속해서 핵 실험과 미사일 발사 실험을 하고 있기 때문이다.
2. 산업 에너지의 기초가 되는 원유 및 정유를 북한에 수출할 수 없도록 했으며, 북한에서 파견한 해외 노동자를 모두 송환하라고 제재를 가하고 있다. 또한 북한에서 수출하는 품목을 확대하여 세계에서 경제적 고립을 시키고자 한다.

백신, 공동 구매 가능할까요?

1. **제약 회사** – 치료제 개발에는 많은 돈과 노력이 들어가고 있다. 그만큼 노력한 사람이나 국가가 우선적으로 치료제의 혜택을 받는 것은 정당한 일이다.

   일반 사람들 – 누구나 아프면 치료를 받아야 한다. 가난하고 힘이 없다는 이유로 나중에 치료를 받는 것은 옳지 않다. 위급한 사람이 먼저 치료를 받게 하는 것이 정당하다.
2. 전 세계적으로 문제가 되는 코로나바이러스의 경우 세계의 협력과 연대의 대응이 필요한 상황인데, 선진국이 사재기를 하면 가난한 나라의 환자들은 건강을 보장받을 수 없기 때문이다.

경기도 사서협의회 추천도서 | 한국교육문화원 추천도서 | 아침독서 추천도서

100만 부 판매 돌파!

수학이 쉬워지고, 명작보다 재미있는
뭉치수학왕

"인공지능(AI) 시대의 힘은 수학에서 나온다!"

개념 수학

〈수와 연산〉
1. 양치기 소년은 연산을 못한대
2. 견우와 직녀가 분수 때문에 싸웠대
3. 가우스, 동화 나라의 사라진 0을 찾아라
4. 가우스는 소수 대결로 마녀들을 물리쳤어
5. 앨런, 분수와 소수로 악당 히들러를 쫓아내라
6. 약수와 배수로 유령 선장을 이긴 15소년

〈도형〉
7. 헨젤과 그레텔은 도형이 너무 어려워
8. 오일러와 피노키오는 도형 춤 대회 1등을 했어
9. 오일러, 오즈의 입체도형 마법사를 찾아라
10. 유클리드, 플라톤의 진리를 찾아 도형 왕국을 구하라
11. 입체도형으로 수학왕이 된 앨리스

〈측정〉
12. 쉿! 신데렐라는 시계를 못 본대

13. 알쏭달쏭 알라딘은 단위가 헷갈려
14. 아르키는 어림하기로 걸리버 아저씨를 구했어
15. 원주율로 떠나는 오디세우스의 수학 모험

〈규칙성〉
16. 떡장수 할머니와 호랑이는 구구단을 몰라
17. 페르마, 수리수리 규칙을 찾아라
18. 피보나치, 수를 배열해 비밀의 방을 탈출하라
19. 비례배분으로 보물섬을 발견한 해적 실버

〈자료와 가능성〉
20. 아기 염소는 경우의 수로 늑대를 이겼어
21. 파스칼은 통계 정리로 나쁜 왕을 혼내 줬어
22. 로미오와 줄리엣이 첫눈에 반할 확률은?

〈문장제〉
23. 개념 수학-백점 맞는 수학 문장제①
24. 개념 수학-백점 맞는 수학 문장제②
25. 개념 수학-백점 맞는 수학 문장제③

융합 수학
26. 쌍둥이 건물 속 대칭축을 찾아라(건축)
27. 열차와 배에서 배수와 약수를 찾아라(교통)
28. 스포츠 속 황금 각도를 찾아라(스포츠)
29. 옷과 음식에도 단위의 비밀이 있다고?(음식과 패션)
30. 꽃잎의 개수에 담긴 수열의 비밀(자연)

창의 사고 수학
31. 퍼즐탐정 셜링홈즈①–외계인 스콜피오스의 음모
32. 퍼즐탐정 셜링홈즈②–315일간의 우주여행
33. 퍼즐탐정 셜링홈즈③–뒤죽박죽 백설 공주 구출 작전
34. 퍼즐탐정 셜링홈즈④–'지지리 마란드러' 방학 숙제 대작전
35. 퍼즐탐정 셜링홈즈⑤–수학자 '더하길 모테'와 한판 승부
36. 퍼즐탐정 셜링홈즈⑥–설국언차 기관사 '어러도 달리능기라'
37. 퍼즐탐정 셜링홈즈⑦–해설 및 정답

수학 개념 사전
38. 수학 개념 사전①–수와 연산
39. 수학 개념 사전②–도형
40. 수학 개념 사전③–측정·규칙성·자료와 가능성

독후 활동지

본책 40권+독후 활동지 7권
정가 580,000원